Christa Kössner · Mein Auto spiegelt mich

Christa Kössner

Mein Auto spiegelt mich

Das Spiegelgesetz

ENNSTHALER VERLAG STEYR

Erklärung

Die in diesem Buch angeführten Vorstellungen, Vorschläge und Therapiemethoden sind nicht als Ersatz für eine professionelle medizinische oder therapeutische Behandlung gedacht.
Jede Anwendung der in diesem Buch angeführten Ratschläge geschieht nach alleinigem Gutdünken des Lesers.
Autorin, Verlag, Berater, Vertreiber, Händler und alle anderen Personen, die mit diesem Buch in Zusammenhang stehen, können weder Haftung noch Verantwortung für eventuelle Folgen übernehmen, die direkt oder indirekt aus den in diesem Buch gegebenen Informationen resultieren oder resultieren sollen.

www.ennsthaler.at

5. Auflage 2024

ISBN 978-3-85068-578-8

Christa Kössner · Mein Auto spiegelt mich

Ennsthaler Gesellschaft m.b.H. & Co KG, 4400 Steyr, Österreich
Umschlagzeichnung: Milan A. Ilic
Umschlaggestaltung & Satz: DIE BESORGER mediendesign & -technik, 4400 Steyr
Druck und Bindung: Print Group, EU

Inhaltsverzeichnis

Vorwort

Liebe Leserinnen und Leser, ich wage eine ungewöhnliche Behauptung: Mein Auto spiegelt mich – und zwar perfekt. Was immer es ist, das mit meinem Auto passiert – ich kann daraus einen Rückschluss auf mich selbst ziehen: auf meine Gedanken, meine Überzeugungen und meine Glaubenssätze – mögen sie mir bewusst sein oder nicht. Ich brauche also nur einen beherzten Blick auf mein Auto zu richten, um mich zu erkennen. Mein Auto bin ich, so wie auch alles andere, das in meinem Leben gegenwärtig ist.

Im Sommer 1991 hatte ich völlig unerwartet ein Gotteserlebnis. Mir fällt kein besseres Wort dafür ein. Ich spülte gerade das Frühstücksgeschirr und dachte an nichts Besonderes, als plötzlich alles, was ich da sah, in weißgoldenem Licht erstrahlte. Ein paar Minuten später kam mein Sohn zur Tür herein und ich erlebte den glückseligsten Augenblick meines bisherigen Lebens: Die Gestalt meines Kindes wirkte durchsichtig. Trotzdem glänzte sie weiß und war von einem goldenen Strahlenkranz umgeben. Der Anblick meines Sohnes war so gefühlsüberwältigend, dass mir Tränen in die Augen schossen. Zugleich durchströmte mich eine so unglaublich starke Liebe, dass ich sie mit Worten kaum beschreiben kann. Ich würde sagen, dass sie mein menschliches Fassungsvermögen zigtausendfach übertraf. Auf einmal hatte ich die absolute Wahrheit in mir, dass es unmöglich ist, je irgendetwas falsch zu machen und dass keinem Menschen je irgendetwas Böses geschehen kann. Mein erhellter Geisteszustand hielt drei Wochen lang an. Während dieser Zeit sah ich alle Menschen genauso wie meinen Sohn: Als transparente, weiß glänzende Gestalten, die mir eine unvorstellbar große Liebe entgegenbrachten, wie ich sie zuvor niemals erlebt hatte. Nachdem ich meinen ersten Schock überwunden hatte, wuchs in mir die

Gewissheit, im Gotteszustand zu sein. Ich erkannte, dass es mich als Ich gar nicht gibt, weil ich alles bin.

Mein Geist ist identisch mit Gottes Geist. Daher bin ich imstande, Tatsachen zu schaffen. Das ist deshalb so, weil Gott mir dieselbe Macht zugesteht wie sich selbst. Wenn ich denke, bediene ich mich derselben Kraft, die das Universum hervorgebracht hat. Es gibt nur diese eine Kraft. Viele meiner Gedanken sind mir bewusst, doch abertausend andere sind unbewusste Schöpfungsakte, weil es Überzeugungen und Glaubenssätze in meiner Geisteshaltung gibt, von denen ich kaum etwas ahne. Dennoch ist es wahr, dass ich es bin, der/die sie vollbringt. All meine Gedanken verwirklichen sich zum idealen Zeitpunkt, die erfreulichen und die unangenehmen. Sie spiegeln sich in meinem menschlichen Gegenüber genauso wie an meinem Körper, in meiner Wohnung, an meinem Haustier, an meinen Elektrogeräten, an meiner finanziellen Situation und natürlich auch an meinem Auto! Ich sehe mich überall in meinem Leben gespiegelt und kann aus jeder Person, jedem Ereignis, jedem Zufall und jedem Blechschaden einen Rückschluss auf mein unbewusstes Denken ziehen – ganz gleich, wohin ich blicke.

Ich halte das Spiegelgesetz für die einfachste und rascheste Methode zur Selbsterkenntnis. Sie ist kostenlos und macht unabhängig. Das Einzige, das Sie brauchen, ist ein mutiges Bekenntnis:

***Ich** bin es, der alles in meinem Leben genauso wählt, wie es ist.*

Wenn Sie sich in Umstände gebracht haben, die Sie unglücklich stimmen, denken Sie bitte daran und übernehmen Sie für das Ereignis die volle Verantwortung. Es ist Ihre Geisteshaltung, die sich da verwirklicht hat. Akzeptieren Sie die momentane Situation als Ihre eigene Schöpfung.

Aber sorgen Sie gleichzeitig dafür, dass in Hinkunft Erfreuliches geschieht. Sie sind auf der Welt, um glücklich zu sein! Wenn Sie sich im Kummer ertränken oder im Selbstmitleid versinken, hilft das keinem und schon gar nicht Ihnen. Schauen Sie das Spiegelbild Ihrer eigenen (!) Gedanken beherzt an. Suchen und finden Sie Ihren Irrglauben, mit dem Sie das leidvolle, unangenehme Ereignis hervorgerufen haben. Formulieren Sie Ihren Irrglauben in einem für Sie stimmigen Satz und verabschieden Sie sich davon. Wählen Sie eine neue Idee, die Sie überzeugt. Eine, die Sie von ganzem Herzen leicht, froh und glücklich stimmt!

Unsere Fehlgedanken realisieren sich auf allen möglichen Ebenen, daher ist es gleichgültig, wohin Sie schauen. Wenn Sie zum Beispiel glauben, dass Sie keine Energie für einen Neuanfang haben, dann sehen Sie diese (Ihre!) Überzeugung – an Ihrem lustlosen Sohn, an Ihren dahinwelkenden Zimmerpflanzen, an Ihren kaputten Glühbirnen, an Ihrem schlafsüchtigen Partner, an Ihrer trägen Katze, an Ihrer abgewohnten, sanierungsbedürftigen Wohnung, an Ihrem Minus-Kontostand und an der leeren Batterie Ihres Wagens gespiegelt.

Wenn also an meinem Auto ein bestimmter Teil kaputt wird, dann besteht analog dazu in meinem Geist ein „Defekt". Das bedeutet, irgendwo denke ich falsch. Ohne davon etwas zu ahnen, bin ich ein Opfer meiner eigenen, negativen Vorstellungen, die ich nie hinterfrage. Ein wahres Beispiel:

Ein Freund war aus dem Urlaub zurückgekehrt und wollte mich sehen. Seine ersten Begrüßungsworte: „Also mit diesen Leuten verreise ich nicht mehr. Unser Zusammensein war eine Katastrophe. Ich fühle mich total ausgelaugt und erschöpft." Kurz danach stiegen wir in seinen Mercedes, um ins Grüne zu fahren. Aber – die Batterie war leer! Obwohl mein Freund seinen Wagen erst vier Monate zuvor gekauft und einem Service unterzogen hatte …

Das Spiegelbild seines Befindens war klar und deutlich auch an seinem Wagen zu erkennen.

Die Batterie (= Energiebehälter) zeigte dieselbe Verfassung, in der sich mein Freund zum selben Zeitpunkt befand: Ausgelaugt-Sein und Leere.

Analoge Rückschlüsse zu ziehen, kann jeder mit ein bisschen Übung erlernen. Wenn Sie davon ausgehen, dass alles in Ihrem Leben immer nur Ihr eigenes Spiegelbild ist, wird das Entschlüsseln der Botschaften immer leichter. Nehmen Sie das Ganze nicht allzu ernst und machen Sie bitte keine Wissenschaft daraus. Sie sollten sich auf keinen Fall abmühen oder einen Krampf daraus machen, wenn Sie den Zustand Ihres Autos auf sich selbst ummünzen. Das Leben ist ein Spiel der Freude! Und das sollte es meiner Ansicht nach auch bleiben. Selbst dann, wenn Ihre Lebensumstände manchmal nicht so erscheinen, wie Sie sich das wünschen. Danken Sie lieber Ihrem Auto und lieben Sie es! Denn es kann Ihnen wirklich aus Ihrer Unbewusstheit heraus helfen.

Wenn an Ihrem Auto der Lack abblättert, dann machen Sie sich wahrscheinlich Gedanken über's Älterwerden oder finden sich nicht attraktiv genug. Wenn der Motor plötzlich nur auf drei Zylindern läuft, dann hemmt irgendetwas ihre volle Leistungskraft und Sie könnten sich sofort fragen, was oder wer das ist.

Ich möchte in diesem Buch hauptsächlich jene Spiegelbilder ansprechen, die Sie unangenehm berühren oder negative Emotionen in Ihnen entfachen. Damit meine ich zum Beispiel auch Ihren Ärger, weil Sie sich bis jetzt immer nur einen Gebrauchtwagen leisten konnten und noch nie eine neues Auto. Ich denke dabei ebenso an Ihren Wutausbruch, weil der Starter nicht funktioniert, und Ihre Verzweiflung, wenn Sie die Autoschlüssel verloren haben. All diese Spiegelbilder sind nur wirklich gewordene Fehlüberzeugungen von Ihnen,

die Sie sowohl an Ihrem Wagen gespiegelt sehen,
wie auch anderswo in Ihrem Leben.

Es ist immer nur Ihre Geistesverfassung, die sichtbar wird, nicht die der anderen. Ich wünsche Ihnen viel Freude, eine Portion Humor und vor allem das nötige Quentchen Mut, wenn Sie plötzlich erkennen:

Mein Auto bin ja wirklich ich!

1. Optische Erscheinung, Form und Größe

Alles Sichtbare ist nur ein Gleichnis – auch Ihr heiß geliebtes oder mehr oder minder geduldetes Auto – und lässt demnach einen Rückschluss auf den Besitzer zu, also auf Sie. Haben Sie sich schon einmal die Freude gemacht, Ihren Wagen nur zu betrachten? Ihn anzusehen, als wären Sie es selbst, dem Sie ein paar liebevolle Blicke schenken? Bevor Sie das nächste Mal davonpreschen, halten Sie bitte inne und gönnen Sie Ihrem Spiegelbild eine beherzte Minute der stillen Übereinkunft. Warum? Weil Ihnen ein Licht aufgehen kann – und zwar über Sie selbst. Sie brauchen zum Entschlüsseln der Botschaften keinerlei Vorbildung. Es genügt, wenn Sie sich sagen: „Aha, das bin ich." Und dann schauen Sie eine Weile nur hin. Lassen Sie die Schönheit Ihres Autos einfach auf Sie wirken. Und sollten Sie momentan keinen attraktiven Wagen besitzen, machen Sie es genauso. Im übertragenen Sinn verkörpert Ihr Auto Ihr derzeitiges Wesen. „Auto" = „Selbst". Es sagt viel über Sie aus, viel mehr als Sie wahrscheinlich vermuten – weil sich darin nicht nur Ihr bewusstes Denken spiegelt, sondern auch Ihre unbewussten Negativüberzeugungen. Ihr Auto dient Ihnen. Sie sollten es daher nicht nur wegen seiner Bergtauglichkeit schätzen oder wegen seines geringen Spritverbrauchs, sondern auch wegen seiner Defekte. Warum? Weil an Ihrem Auto nur dann ein Defekt auftreten kann, wenn sich analog dazu in Ihrer Geisteshaltung dasselbe abspielt. Ich weiß, das ist eine gewagte Behauptung. Dennoch bekräftige ich sie als wahr.

Schauen wir uns also Ihr Auto von außen an. Wie sieht es aus? Ist es groß oder klein? Eine Limousine oder ein Sportflitzer? Für wie viele Personen ist Platz in Ihrem Wagen? Welche Farbe hat es? Wie würden Sie spontan antworten, wenn ich Ihnen folgende Frage stelle: „Wie gut passt Ihr Auto zu Ihnen?"

Mit dieser Frage meine ich nicht Ihr Traumauto, das Sie sich vielleicht schon viele Jahre wünschen. Mit „passen“ meine ich vielmehr das Ähnliche – das, was Sie mit Ihrem derzeitigen Auto im Sinne einer Entsprechung gemeinsam haben. Vielleicht hilft Ihnen ein Beispiel auf die Sprünge. Wenn ein erwachsener Mann von 1,90 m Körpergröße Jeans von einem 10-jährigen Jungen trägt, würde jeder sofort sehen, das passt nicht. Genauso kann es sein, dass Ihnen Ihr derzeitiges Auto nicht wirklich entspricht.

Bestimmt ist Ihnen schon aufgefallen, dass viele Menschen mit ihrem Auto irgendetwas kompensieren oder vertuschen wollen. Da gibt es begüterte Damen, die es bevorzugen, in einer winzigen Eierschale unterwegs zu sein – da gibt es verschuldete Draufgänger im neuesten Kabrio – auch Millionäre in exklusiven Luxus-Limousinen gibt es, aber da würde ich sagen, es passt! Kann es sein, dass es geklickt hat– so dass Sie meine Frage „Passt Ihr derzeitiger Wagen wirklich zu Ihnen?“ spontan beantworten könnten?

Ist Ihre Antwort ja, dann stimmt's, dann haben Sie das richtige Auto, nämlich jenes, das Ihrem Wesen entspricht. Müssen Sie verneinen, dann lohnt sich bestimmt ein beherzter Blick auf Ihren fahrbaren Untersatz. Entweder spiegelt er Ihnen Selbst-Überschätzung oder -Unterschätzung. Letzteres drückt sich auch in der Weisheit aus: Stelle niemals dein Licht unter den Scheffel.

Wenn ich Sie bitte, Sie mögen Ihr Auto eine Weile nur betrachten, ohne es gleich zu benützen, so hat das einen tieferen Grund. Natürlich kann Ihnen vordergründig auffallen, dass Ihr Wagen nach Wasser und Politur lechzt. Aber das sollte nicht das Einzige sein, das Sie wachrüttelt. Das stille Betrachten

Ihres Autos hat nämlich noch einen ungewöhnlichen Effekt: Es geschieht automatisch, dass Sie sich allmählich mit Ihrem Auto identifizieren. Je öfter Sie denken: „Mmhh, das bin also ich?“, desto leichter werden Sie entweder Harmonie spüren oder Diskrepanz. Nun, vielleicht fragen Sie sich jetzt, wozu das alles gut sein soll? Meine Antwort lautet:

Weil Sie mit Hilfe Ihres Autos Unstimmigkeiten in Ihrer gedanklichen Welt aufstöbern können, auf die Sie üblicherweise nicht so rasch draufkommen.

Unstimmigkeiten in Ihrer Geisteshaltung erzeugen Unstimmigkeiten in Ihrem Leben. Das ist die Realität. Wenn Sie Ihr Leben anders haben wollen, dann bleibt es Ihnen nicht erspart, Ihre Geisteshaltung zu revidieren. Sie müssen Ihre selbstschädigenden Gedankenmuster zuerst einmal erkennen und artikulieren, bevor Sie sich entscheiden, sie aufzugeben. Wenn Sie nicht wissen, wovon Sie sich trennen möchten, bleibt selbst der allergrößte Wille dazu ein Schuss ins Leere. Ihre Energie fließt zwar in Richtung verändern, verflüchtigt sich jedoch ziellos irgendwo. Ich halte es deshalb für wichtig, besonders von unangenehmen Ereignissen in meinem Leben einen Rückschluss auf meine Geistesverfassung zu ziehen. Ich bin diejenige, die jede gegebene Situation so wählt, wie sie ist – weil ich so denke!

Ich halte es für genauso wichtig, meine destruktiven Überzeugungen exakt zu formulieren, sie ein letztes Mal auszusprechen und aufzuschreiben, damit mir die Tragweite ihrer Folgen noch einmal bewusst wird. Dann entscheide ich mich, sie aufzugeben und verbrenne das Papier mit meinen Negativ-Sätzen, von denen ich bislang überzeugt war.

Erst, wenn Sie wissen, von welchen Gedankenstrukturen Sie sich trennen möchten, können Sie sich bewusst dazu entschließen.

All Ihre Gedanken bescheren Ihnen konkrete Tatsachen. Daher stellen die Tatsachen in Ihrem Leben immer nur Ihre geistig-seelische Verfassung dar. In welchen Spiegel Sie nun blicken möchten, um sich zu erkennen, halte ich für nebensächlich. Sie können Ihren Partner, Ihre beste Freundin, Ihren Dackel, Ihre finanzielle Situation oder Ihr Auto als Spiegelbild benützen. Weil Sie nur das an Ihrem Partner, an Ihrer besten Freundin, an Ihrem Dackel, an Ihrer finanziellen Situation oder an Ihrem Auto bemerken können, was sich in Ihrer Geisteshaltung befindet.

Wir sind also bei der optischen Erscheinung Ihres Autos. Die aktuelle Frage ist immer noch dieselbe: Passt mein derzeitiges Auto in Farbe, Form und Größe wirklich zu mir? Entspricht es meiner eigenen optischen Erscheinung? Um Missverständnisse beim Entschlüsseln von Spiegelbildern zu vermeiden, will ich auf etwas Wichtiges hinweisen: Tun Sie es nur dann, wenn Sie derzeit mit Ihrem Auto unzufrieden sind oder wenn Sie Probleme damit haben. Unter „Probleme“ fällt zum Beispiel auch Ihr Wutausbruch, wenn Ihr Wagen wieder einmal nicht anspringt, Ihr unbequemes Sitzen, weil Sie die Beine nicht ausstrecken können, Ihr Ärger, wenn Ihr Auto beim Überholen zu wenig beschleunigt, sowie auch Ihre Abneigung gegen das Saubermachen und Entrümpeln Ihres Wagens. Ich bezeichne es ebenfalls als Problem, wenn Sie regelmäßig auf das notwendige Service vergessen, wenn Sie wiederholt falsch parken und dafür Strafe zahlen müssen, wenn Sie nur schlecht über Ihr Auto sprechen und es sich häuft, dass Sie Ihren Autoschlüssel verlegen.

Um Sie ein bisschen neugierig zu machen, wollen wir nun die obige Problemliste entschlüsseln:

Wenn Ihr Wagen nicht anspringt –
dann springen Sie in irgendeinem bestimmten Punkt nicht an. Sie weigern sich oder reagieren nicht. Anstatt wütend zu werden – was das Problem keineswegs löst – könnten Sie erforschen, in welcher bestimmten Angelegenheit Sie sich derzeit passiv verhalten, obwohl Sie etwas tun könnten. Ihr Zorn auf Ihr Auto ist bloß ein Zeichen dafür, dass Sie sich in Ihrer Passivität nicht mehr ausstehen können!

Wenn Sie unbequem sitzen, weil Sie die Beine nicht ausstrecken können –
dann zeigt Ihnen das ebenfalls eine Unstimmigkeit in Ihrem Denken. Es könnte zum Beispiel der Glaube sein, dass „das Leben nun mal kein Honiglecken ist", weil nicht immer „alles leicht und bequem sein kann". In der Unbequemlichkeit Ihrer Körperhaltung in Ihrem Auto verwirklicht sich diese Überzeugung. Anstatt sich noch länger dieser irrigen Anschauung zu unterwerfen – denn Sie sind auf der Welt, um sich des Lebens zu erfreuen – könnten Sie zum Beispiel diesen Fehlglauben aufgeben und sich stattdessen etwas anderes einfallen lassen, zum Beispiel: Ich gestatte mir jetzt einen gewissen Komfort. Ich verdiene es, mich wohl zu fühlen.

Wenn Ihr Auto beim Überholen zu wenig beschleunigt und Sie das rasend macht –
kann es sein, dass Sie mit Ihrem derzeitigen Lebenstempo nicht in Einklang stehen. Sie wollen schneller sein, als Ihr inneres Wesen das für gut befindet. Schneller sein, als Ihre Seele das erlaubt. Möglicherweise glauben Sie, dass Sie ein besserer Mensch oder ein begehrterer Liebhaber sind, wenn Sie „schnell" sind.

Dennoch spiegelt Ihnen Ihr Auto etwas anderes: Füge dich in den Fluss des Lebens ein und akzeptiere das als gut für dich.

Wenn Sie eine Abneigung gegen das Saubermachen und Entrümpeln Ihres Wagens haben –
dann weigern Sie sich genauso, unnötigen Ballast in Ihrer Geisteshaltung über Bord zu werfen. Das können alte Geschichten von früher sein, die Sie immer wieder aufwärmen. Das kann ein Groll gegen eine bestimmte Person sein, der Sie nicht verzeihen wollen. Es kann aber auch pure Weigerung sein, sich von unnötigem Ballast zu befreien, mit dem Sie sich tagtäglich herumplagen. Danken Sie Ihrem schmutzigen Auto. Es zeigt Ihnen bloß das Spiegelbild Ihrer Einstellung: Lieber lenke ich mich ab, als Ordnung in mich zu bringen. Lieber schleppe ich Energie raubende, alte Geschichten mit mir herum, als mich davon zu befreien.

Wenn Sie regelmäßig auf das notwendige Service vergessen –
vergessen Sie genauso regelmäßig auf die notwendige Geisteshygiene. Darunter verstehe ich eine regelmäßige Kontrolle, was ich von alldem, das ununterbrochen auf mich einströmt, an mich heranlasse und was nicht. Es muss nicht sein, dass Sie die Leidensgeschichte Ihrer Kollegin bis in den Schlaf verfolgt. Genauso wenig brauchen Sie sich irgendeiner Meinung anzuschließen, die Ihnen schadet. Zum Beispiel: Im November beginnt die Winterdepression.

Wenn Sie wiederholt falsch parken und dafür Strafe zahlen müssen –
dann haben Sie in irgendeinem Lebensbereich noch nicht den richtigen Platz gefunden – und dafür bestrafen Sie sich. Kann sein, dass im Beruf ein Wechsel vonnöten ist oder in der Partnerschaft, aber dafür sollten Sie sich nicht bestrafen. Es ist völlig in Ordnung, verschiedene Stationen auszuprobieren, bevor

Sie das Richtige gefunden haben. Erlauben Sie sich mit gutem Gewissen alle möglichen Alternativen, bis Sie spüren: Jetzt passt's für mich!

Wenn Sie nur schlecht über Ihr Auto sprechen –
kann es leider nicht anders sein, als dass Sie wenig von sich selbst halten. Sie finden sich nicht gut genug und Ihr Selbstwertgefühl rangiert derzeit auf dem Nullpunkt. Wenn es so ist, dann bitte tun Sie alles Menschenmögliche, um Ihr Wertgefühl zu erhöhen. Loben Sie sich für jede Kleinigkeit, die Ihnen gelungen ist. Danken Sie für das, was Sie besitzen. Danken Sie für Ihre Talente und setzen Sie sie ein. Es gibt tausend Möglichkeiten, die Ihnen bestätigen können, dass Sie ein wertvoller Mensch sind. Einer, der sich selbst schätzt und mag!

Wenn Sie öfters den Autoschlüssel verlegen –
dann haben Sie nicht immer jenen zündenden Funken parat, der Sie zum Handeln in der gegebenen Situation motiviert. Kann es sein, dass Sie in einem bestimmten Lebensbereich zum passiven Beobachten neigen und in einer Szene lieber „draußen" bleiben und sich gefühlsmäßig ausklinken, anstatt sich aktiv zu integrieren?

Bei allen Spiegelbildern, die Ihnen Ihr Wagen vor Augen hält, gilt immer das Gleiche: Sie entsprechen exakt Ihrer Geisteshaltung. Wenn Sie genau hinschauen und sich die nötige Zeit nehmen, die gegebenen Fakten zu entschlüsseln, erkennen Sie ganz bestimmt jene Fehlüberzeugung, welche die gegebene Tatsache verursacht hat. Selbstverständlich müssen Sie Ihren Wagen zur Reparatur bringen, wenn ein Defekt auftritt. Was ich anregen will, ist bloß

ein ZUSÄTZLICHES Dahinterschauen!

Was genau will mir mein Auto mitteilen und somit bewusst machen, wenn zum Beispiel die Bremsen blockieren oder sich die Fahrertüre nicht aufsperren lässt?

Wenn Sie regelmäßig sämtliche Auffälligkeiten an Ihrem Wagen als Spiegelbilder Ihrer selbst akzeptieren, können Sie ganz leicht den Schleier Ihres Unbewussten lüften. Sie brauchen dazu nur den guten Willen, beim Betrachten Ihres Autos vom analytischen Denken auf intuitives Denken umzuschwenken. Oft genügt schon eine Minute – und es klickt! Bitte probieren Sie es aus.

Im Idealfall sollte die optische Erscheinung Ihres Wagens Ihrer äußeren Erscheinung, Ihrer Figur und Ihrem Körperbau entsprechen. Menschen, die in Harmonie mit sich selbst sind, schlüpfen in ihr Auto wie in eine zweite Haut. Es passt überall und rundherum. Wie lässt sich nun feststellen, ob Sie zu jenen Glücklichen gehören? Ein Beispiel:

Sie sind eine zarte Frau, betreiben selten oder überhaupt keinen Sport, Ihre Haut ist empfindlich, Ihr Haar fein, die Muskeln Ihrer Arme und Beine besitzen wenig Ausdauer und Ihre Kraft versiegt rasch bei körperlicher Anstrengung. Umso erstaunlicher ist es, dass Sie einen Geländewagen fahren, dem keine Bergstraße zu steil und keine schneeglatte Fahrbahn zu gefährlich ist.

Mit diesem Beispiel will ich auf keinen Fall die Vorliebe für ein solches Modell in Frage stellen. Ich stelle nur fest, dass der Geländewagen der obigen Dame im analogen Sinn nicht zu ihr passt, weil er ihrem Wesen zur Zeit nicht entspricht.

Ich möchte Sie, meine geschätzten Leserinnen und Leser, motivieren, dieses Beispiel zum Üben zu benützen: Was genau zeigt das Auto der obigen Dame auf? Bitte schauen Sie genau hin, bevor Sie weiterlesen. Erspüren Sie intuitiv, welche Überzeugung den Fakten zugrunde liegen muss, wenn sich eine sehr weibliche, weiche Person einen solchen Wagen zulegt. Was will die Dame damit kompensieren? Was will sie damit demonstrieren?

Noch ein Beispiel, wo es nicht passt:
Sie ziehen einen Spaziergang alleine einer großen Gesellschaft vor, können stundenlang in Ihre Bücher versinken und Ihr Telefon ignorieren. Es genügt Ihnen, wenn Sie Ihren besten Freund einmal im Monat treffen. Sie leben selbstgenügsam in Ihrem kleinen Appartement, das Sie von der lärmenden Außenwelt abschirmt. Bekannte bezeichnen Sie als Einzelgänger. Erstaunlicherweise besitzen Sie eine Familienlimousine, die Platz für sechs Personen bietet. Und obwohl Ihr Wagen nie wirklich ausgelastet ist, weil Sie damit fast ausschließlich alleine fahren, trennen Sie sich nicht von ihm.

Was genau verdeutlichen diese Tatsachen über den Besitzer? Welcher Gedanke ist es, der dem obigen Herrn nicht bewusst ist? Welche Überzeugung muss er wohl haben, die sein Auto ganz konkret spiegelt? Die Diskrepanz zwischen Auto und Besitzer ist offensichtlich, denn im Sinne einer stimmigen Entsprechung passen die beiden nicht zueinander. Was will der Herr mit seinem Wagen zur Schau stellen? Was möchte er damit vertuschen? Wonach sehnt er sich?

Entschlüsselung:

1. Die Dame möchte mit ihrem Geländewagen ihre starke, männliche Seite zur Schau stellen, die sie in Wirklichkeit zu wenig oder gar nicht auslebt. Beharrlichkeit, Durchsetzungsvermögen und Nein-Sagen sind ihre Schwachpunkte. Sie will der Umwelt eine andere Person präsentieren, als die-

jenige, die sie wirklich ist. Welche Überzeugung nötigt die Frau, ihre männlichen Wesensteile zu vernachlässigen? Da gibt es mehrere: „Eine starke Frau ist in unserer Gesellschaft nicht gefragt“, „Emanzen finden keinen Partner“, „Eine Frau muss nachgeben“ …

2. Der Herr will mit seinem großen Auto seine mangelnde Geselligkeit und seinen verkümmerten Familiensinn kompensieren. Das gesellige Miteinander kommt in seinem Leben zu kurz. Dennoch spiegelt sein Wagen, dass er eigentlich gar kein so großer Eigenbrötler ist und er sehr wohl genug Platz für eine Familie hätte. Welcher Glaube könnte es sein, der ihn tatsächlich zum Einsiedler macht? Da gibt es wieder mehrere Möglichkeiten: „Mich mag keiner“, „Niemand versteht mich“, „Kinder bedeuten Sorgen“, „Noch eine Enttäuschung? Nein danke, da bin ich lieber alleine.“

In beiden Fällen tritt deutlich zutage, dass die Besitzer einen ihrem Wesen nicht entsprechenden Wagen fahren. Das ist weder gut noch schlecht, weder richtig noch falsch – bitte liebe Leserinnen und Leser, das nicht misszuverstehen. Es gibt keine allgemein gültigen Regeln. Ich persönlich halte sehr viel von Stimmigkeit und Harmonie. Außen soll das sichtbar sein, was innen ist – in mir. Meine Wohnung wie auch mein Auto mögen das widerspiegeln, was ich wirklich bin – und nicht das, was ich irgendwann einmal sein möchte. Damit würde ich mich selbst in die Irre führen. Auch würde ich meiner Umgebung etwas vorgaukeln – und das liegt mir fern. Bestimmt wollen Sie jetzt wissen, welches Auto ich zur Zeit fahre? Es ist ein silber-metallisé-farbener, zweitüriger Suzuki-Swift mit je einem violetten Blitz auf beiden Türen. Außerdem besitzt mein kleiner Wagen einen Heckspoiler, der seine Attraktivität unterstreicht. Er ist sparsam im Benzinverbrauch, trotzdem spritzig und verlässlich.

Seit zwei Jahren darf er sich eines komfortablen Abstellplatzes erfreuen – in meiner Garage. Sollte ich irgendwo außerhalb parken, sehe ich meinen Swifti schon von weitem, weil die Antenne eine fröhliche Schleife aus bunten Bändern schmückt. Ich pflege ihn regelmäßig selbst und erfreue mich anschließend jedes Mal an seiner kühlen Lieblichkeit. Eisigen Fahrbahnen oder verstopften Großstadtstraßen setze ich mein Auto schon länger nicht mehr aus. Ebenso keinen stundenlangen Fahrten auf schnurgeraden Autobahnen. Ich reise heute liebend gerne mit der Bahn, was ich früher vermied.

Liebe Leserinnen und Leser, selbstverständlich können Sie jetzt einen Rückschluss auf das momentane Wesen der Besitzerin ziehen – nämlich auf mich. Bevor Sie damit beginnen, sollten Sie eines wissen: Mein derzeitiges Auto passt ganz genau zu mir. Ich kann mich voll und ganz damit identifizieren und – ich liebe mein Auto. Ich würde mich freuen, wenn Sie mein Auto als Übungsbeispiel verwenden. Je öfter Sie üben, desto leichter wird das Entschlüsseln der Botschaften Ihres eigenen Wagens für Sie.

Nicht nur die Größe, sondern auch die Form Ihres Autos sollte Ihnen optimal entsprechen. Es ist ein Unterschied, ob Sie einen Kastenwagen fahren oder einen Käfer. Die Ecken, Kanten oder Rundungen der Karosserie sagen etwas über Ihre Ecken (anecken – provozieren), Kanten (hart durchgreifen – abkanten – abgrenzen) oder Rundungen (Weichheit – sanfter Widerstand – fließende Grenzen) aus. Haben Sie schon einmal überprüft, ob die Formen Ihres Autos mit Ihrer Art, Grenzen zu setzen und Entscheidungen zu treffen, übereinstimmen? Wenn Sie jemand sind, der sich kompromisslos durchsetzen kann und der kein Problem mit einem spontanen, klaren Nein hat, dann würde ich meinen, dass kein Mazda Baby zu Ihnen passt.

Sind Sie eher diplomatisch und wägen eine Entscheidung länger ab, weil Sie dabei auch an alle mitbeteiligten Personen denken, dann könnte ich mir vorstellen, dass Sie sich in einem Jeep nicht allzu wohlfühlen.

Um wiederum ein mögliches Missverständnis zu vermeiden, will ich eines klarstellen:

In diesem Buch geht es nicht um die Rentabilität und Zweckmäßigkeit unserer Autos, sondern um ein analoges Gleichnis.

Ich bitte Sie daher, für die paar Stunden der Lektüre Ihren Verstand außer Acht zu lassen und eher wie ein interessierter Beobachter auf Ihren Wagen zu blicken. Es gelingt Ihnen ganz bestimmt, wenn Sie jetzt einmal sämtliche Preislisten vergessen.

Die meisten Menschen ziehen ein Auto nur deshalb in einer dezenten Farbe vor, damit man den Schmutz nicht sieht. In Wirklichkeit aber lieben sie weiß oder dunkelblau, aubergine oder giftgrün. So wie mit der Größe und der Form sollten Sie sich auch mit der Farbe Ihres Wagens identifizieren können. Bedenke Sie bitte: Ihr Auto spiegelt Sie und niemanden sonst. Allein aus der Tatsache, dass jemand aus rein praktischen Erwägungen beige oder grau seiner Lieblingsfarbe vorzieht, können wir eine ganze Menge Rückschlüsse ziehen. Haben Sie Lust, dieses Beispiel gleich zum Üben zu benutzen? Was genau sieht die besagte Person im Spiegel ihres Autos? Welche Erkenntnisse über sich selbst kann die Person aufgrund der obigen Spiegelbilder gewinnen?

Wenn weiß meine Lieblingsfarbe ist und ich trotzdem grau für mein Auto wähle, dann bedeutet das in entschlüsselter Form, dass ich mein einzigartiges Wesen tarne. Ich möchte inkognito bleiben und lieber im Meer der Unauffälligkeit mitschwimmen, so wie ein Großteil der Menschen. „Nur nicht auffallen" ist eines meiner Lieblings-Leitmotive. Dahinter steckt die Überzeugung: „Es gehört sich nicht, im Mittelpunkt zu stehen" oder „Wenn ich tue, was alle tun, dann kann es auf keinen Fall falsch sein".

Wenn grün meine Lieblingsfarbe ist, ich aber ein graues Auto kaufe, damit man den Schmutz nicht sieht, dann sagt mir dieses Spiegelbild, dass ich am liebsten in einer heilen Welt zu Hause wäre. Wahrscheinlich sind mein Ordnungssinn und meine Putzsucht stark ausgeprägt. Kommt es dennoch zu irgendeiner Verunreinigung im weitesten Sinn, dann betreibe ich liebend gerne Scheuklappen-Politik. Ich will mich nicht wirklich mit den Schattenseiten des Lebens konfrontieren. Außerdem gebe ich der Zweckmäßigkeit den Vorrang anstatt meiner Freude und meinem Lustgefühl. Dahinter steckt der Glaube, dass „die Vernunft vor dem Vergnügen kommt" und dass „man im Leben besser dran ist, wenn man seine Schwächen vertuscht".

Ich halte viel von Ehrlichkeit, selbstverständlich auch bei der Farbe meines Wagens, weil mir klar ist, dass mein Auto ebenso ein Abbild von mir darstellt wie mein Zuhause, mein Freundeskreis und mein Beruf. Und deswegen halte ich es für richtig, wenn ich mit der Farbe meines Wagens meine Lebenseinstellung, meine Lebensfreude und meine Persönlichkeit zur Schau stelle. Jeder darf sehen, wie ich bin. Es gibt nichts zu verbergen, was zu mir gehört. Staubkörnchen oder Regentropfen zeigen sich auf rotem Autolack genauso wie auf grauem. Also warum dann nicht der Lieblingsfarbe den Vorrang geben? Halt, ich höre schon Ihren Einwand: „In Dunkelblau war das Modell nicht lieferbar" – „In Anthrazit hätte der Wagen um Etliches mehr gekostet" – „Unsere Kinder wollten unbedingt ein violettes Auto" usw. – „und deswegen habe ich halt auf meine Favoritenfarbe verzichtet." All diese Begründungen glaube ich Ihnen gern. Dennoch sehe ich die Sachlage anders. Entschlüsselt hören sich Ihre Beweggründe, dass Ihr Wagen nicht Ihre Lieblingsfarbe aufweist, so an:

1. Das dunkelblaue Modell war deshalb nicht lieferbar, weil Sie es sich innerlich nicht gestatten, entgegen der Meinung anderer einen dunkelblauen Wagen zu bevorzugen. Außen zeigt sich immer nur das, was innen ist – in Ihren Gedanken.
2. Sparsamkeit, Zweckmäßigkeit, Rentabilität stehen an erster Stelle. Pure Freude an zweiter. Das ist Ihre Grundeinstellung.
3. Sie lassen andere bestimmen, woran Sie sich erfreuen sollen. Die Wünsche, Vorschriften, Meinungen anderer haben Vorrang gegenüber Ihren Wünschen. „Die anderen sind wichtiger als ich", davon sind Sie überzeugt.

Die Farbe Ihres Wagens ist sowohl ein Spiegel Ihres Temperaments wie auch Ihrer Lebensphilosophie. Junge Leute demonstrieren das öfter, indem sie ihre fahrbaren Vehikel bunt anmalen oder mit Sprüchen versehen. Wenn Sie Ihre feurige Natur nicht nur durch Kampfsport oder riskante Börsenspekulationen ausdrücken wollen, sondern auch durch die Farbe Ihres Autos, dann müsste es kräftig orange oder rot sein. Harmonische, ausgeglichene Menschen könnte ich mir motorisiert in warmen Grüntönen vorstellen. Individualisten und Einzelgänger passen meinem Gefühl nach am besten in blaue Wagen. Aber – über die Analogie der Farben und was sie im Einzelnen bedeuten, sind schon genug Bücher geschrieben worden.

Im Bedarfsfall empfehle ich Ihnen, eines oder mehrere davon zu studieren.

Zusammenfassung

- Form, Größe und Farbe Ihres Autos sind analoge Aussagen über SIE.

- Das optische Erscheinungsbild Ihres Wagens ist das exakte Spiegelbild Ihrer Bewusstheit wie auch Ihrer unbewussten Denkmuster, Glaubensgrundsätze und Überzeugungen.

- Wenn Sie Ihr derzeitiges Automobil als dessen geistiger Erschaffer betrachten, kann sich ganz leicht das Tor Ihres Unbewussten öffnen. Auf einfachste Art und Weise wird es Ihnen dann möglich, Ihre momentane Einstellung zum Leben und zu sich selbst zu erkennen.

- Nehmen Sie das Ganze nicht allzu wissenschaftlich, sondern machen Sie lieber einen Spaß daraus! Ihr Auto ist Ihr Freund, denn es zeigt Ihnen ganz genau, wo Sie mit sich noch nicht im Einklang stehen. Es spiegelt Ihnen viele Überzeugungen, die Sie von sich und der Welt haben. Genauso verrät es Ihnen, wie sehr Sie sich achten und schätzen und wo es mit der Selbstliebe noch mangelt.

- Ihr Auto stellt im analogen Sinn eine exakte Entsprechung von Ihnen dar – nur ist es halt aus Metall und hat statt zwei Beinen vier Räder. Es funktioniert so, wie Sie denken. Aber, das gehört schon in die nachfolgenden Kapitel.

2. Pferdestärken

Unlängst fragte mich ein Bekannter, wie viele PS mein Wagen hat. „So wenig? Nur 55 PS?", meinte er mitleidsvoll lächelnd – und dann stolz: „Ich habe zur Zeit doppelt so viele!" Sein kleiner Versprecher ist dem Herrn bestimmt nicht aufgefallen, ich allerdings hatte ihn im Stillen registriert und damit meine Spiegelbild-Theorie bestätigt gesehen. Mein Bekannter hatte sich unbewusst mit den Pferdestärken seines Autos identifiziert!

Die Anzahl der PS Ihres Autos ist ein Spiegelbild von Ihnen, das viel über Ihr Wesen aussagt. Und deswegen wäre es erfreulich, wenn die magische PS-Zahl mit Ihrem Naturell und mit Ihrem Lebenstempo analog übereinstimmt. Wozu das gut sein soll? Weil Sie zu sich selbst stehen sollen, so spritzig oder gemächlich Sie halt sind. Ich halte es für ein Zeichen von Selbstwertschätzung, wenn wir uns der Öffentlichkeit ehrlich präsentieren. Es bezeugt Selbstbewusstheit, wenn wir unser ureigenstes Temperament ausleben, egal ob langsam wie eine Schnecke oder schnell wie ein Gepard. Jedem Menschen entspricht ein ganz bestimmtes Lebenstempo. Nur Sie können wissen, ob Ihnen spontane Blitzaktionen gut tun oder nicht. Nur Sie können empfinden, ob Sie eher zum Naturell einer Schildkröte neigen oder das Wesen eines Falken besitzen. Vielleicht gehören Sie zu jenen Mischtypen, die ständig zwischen pfeilschnellen Reaktionen und genüsslichem Dahinplätschern wechseln. Alles hier Beschriebene ist möglich und richtig, da gibt es keine allgemein gültigen Regeln. Was ich wiederum bloß aufzeigen will, ist eine mögliche Kluft zwischen Ihrem wahren Naturell und den Pferdestärken Ihres Autos.

Im analogen Sinn sollte die PS-Zahl mit Ihrer Lebenskraft und Ihrer Entscheidungslust übereinstimmen.

Wenn Sie sich ein galoppierendes Rudel Pferde vorstellen und hinspüren, um wie viel stärker die Kraft wird, je mehr Tiere es sind, kommen wir vielleicht mit dem nachfolgenden Beispiel der Sache etwas näher.

Beispiel:
Herr XY ist als unauffälliger Typ bekannt. Nachbarn beschreiben ihn sogar als phlegmatisch. Nichts scheint Herrn XY aus der Ruhe zu bringen. Zur Arbeit schlendert er mit gesenktem Kopf und hängenden Schultern. Nicht, dass Herr XY unhöflich wäre. Selbstverständlich erwidert er den Guten-Morgen-Gruß von Frau Z im Stiegenhaus, nur mangelt es dem Klang seiner Stimme an Fröhlichkeit und Frische. Seit kurzem ist Herr XY stolzer Besitzer eines Porsche mit mehr als 200 PS.

Liebe Leserinnen und Leser, meinen Sie, dass ein solcher Wagen stimmig zu Herrn XY passt? Ich glaube, Ihre Antwort zu erraten und schließe mich ihr an: Nein, im analogen Sinn würden Herrn XY derzeit wesentlich weniger Pferdestärken entsprechen.

An dieser Stelle möchte ich etwas sehr Wichtiges erwähnen, das für alle Kapitel dieses Buches gilt: Keine Ihrer Eigenheiten und dementsprechend auch keine Eigenheiten Ihres Wagens muss zum Dauerzustand werden –

weil es in Ihrer Macht liegt,
die dahinterstehenden Gedankenmuster zu erkennen und aufzugeben.

Alle Beispiele, die wir in diesem Buch entschlüsseln, sind als Ist-Zustände erdacht und somit aktuelle Spiegelungen einer zur Zeit gegebenen Geistesstruktur.

Wenn Sie also die Botschaften Ihres Autos entschlüsseln, beziehen sich diese immer nur auf Ihre momentane Geistesverfassung.

Bitte berücksichtigen Sie das – und vermeiden Sie in Folge dessen Formulierungen, die starre Unwandelbarkeit ausdrücken. Zum Beispiel:

Ihr derzeitiges Auto zeigt Ihnen Spiegelbilder (die Sie stören!) wie – zahlreiche hässliche Rostflecken, springt erst nach dem vierten Startversuch an, Heizung kaputt …

Entschlüsselung: „Aha, das bin also ich. Es stört mich, wie ich aussehe. Ich gefalle mir nicht. Ich springe in irgendeinem Bereich meines Lebens nur nach etlichen Fehlversuchen an. Meine innere Heizung ist kaputt. Ich leide an einem Mangel menschlicher Wärme."

So einfach ist das. Die Entschlüsselung der obigen Spiegelbilder ist an sich korrekt – bis auf einen Punkt, den Sie mit einbeziehen mögen: JETZT bin ich so, JETZT habe ich diese Überzeugungen! Daher lautet die richtige Formulierung des entschlüsselten Übungsbeispieles:

Im Moment stört es mich, wie ich aussehe. Ich gefalle mir zur Zeit nicht. Derzeit springe ich in irgendeinem Bereich meines Lebens nur nach etlichen Fehlversuchen an. Im Augenblick ist meine innere Heizung kaputt. Ich leide momentan an einem Mangel an menschlicher Wärme.

Es ist möglich, dass Sie Ihre Einstellung noch heute verändern. Keiner zwingt Sie dazu, dass Sie sich bis an Ihr Lebensende hässlich finden oder an fehlender Wärme leiden – außer Sie selbst

Der einzige Mensch, der die Gestaltung seines Lebens in der Hand hat, sowie auch die Förderung der Liebe zu sich selbst, sind Sie!

Kehren wir zu Herrn XY zurück. Würde er sich dazu entscheiden, seine Lethargie anzuschauen, die im Moment sein Lebenstempo regiert, dann könnte er seine derzeitige Einstellung „Nur keine Wellen – sterben muss jeder einmal" aufgeben. Dies wiederum würde bewirken, dass neuer Schwung, Kraft und Lebensfreude in seinem Wesen zu wirken beginnen. Im Idealfall könnte das früher unterdrückte Energiepotential des Herrn XY so sehr zu Tage treten, dass sein Porsche dann wirklich zu ihm passt!

Das Entschlüsseln von Spiegelbildern, die Ihnen Ihr Auto zukommen lässt, ist eine sehr einfache Angelegenheit. Sie brauchen nur in einfachen Sätzen formulieren, was Ihnen an Ihrem Wagen auffällt – und dann anstelle des Autonamens das Wort „Ich" einsetzen.

Sie können nämlich nur jene Eigenschaften und Mängel an Ihrem Auto gespiegelt sehen, die Sie in Ihrer Geisteshaltung haben.

Das bedeutet, an Ihrem Auto kann Ihnen nur das nicht gefallen, was Sie an sich selbst ablehnen. An Ihrem Wagen kann nur jener Teil kaputt werden, der im analogen Sinn bei Ihnen defekt ist, usw. Wir kommen in den folgenden Kapiteln noch genauer darauf zu sprechen. Das Gesetz von Ursache (= Geisteshaltung: Gedanken, Glaubenssätze, Überzeugungen) und Wirkung (konkrete Folge: Ereignisse, Zufälle, Personen) bewahrheitet sich nicht nur an menschlichen Spiegelbildern, sondern auch an Tieren, Pflanzen und Gegenständen in Ihrer Umgebung – selbstverständlich auch an Ihrem Auto.

Zurück zu Herrn XY. Offensichtlich stimmte die PS-Anzahl seines Autos nicht mit seinem augenscheinlichen Naturell überein. Trotzdem ist der Porsche des Herrn XY sein momentanes Spiegelbild, das er tagtäglich vor Augen hat! Wie reimt sich das zusammen? Nun, ich sehe das so: Jedes Mal, wenn er seinen Wagen pflegt oder fährt, könnte sich Herr XY sagen: „Aha, das bin ich!!" – eine gewisse Leidenschaft für die Spiegelbild-Theorie natürlich vorausgesetzt, müsste Herr XY so fortsetzen: „ICH bin ein rasanter Flitzer! ICH sehe fantastisch aus! ICH habe immense Kraft und ein hohes Lebenstempo?" Würde Herr XY

diese drei Eigenschaften, die er seinem Porsche zuschreibt, auch für sich selbst akzeptieren,

würde die Umsetzung dieser neuen Wesenszüge im Leben des Herrn XY reiche Früchte tragen! Warum? Weil er imstande wäre, kraftvoll, lebensfroh, selbstbewusst und spontan zu agieren – genauso wie sein Wagen. So einfach ist das. Leider gehen nur wenige Menschen mit den positiven Spiegelbildern ihres Autos so um. Lieber bleiben sie, wie sie sind, und lassen sich passiv jene Eigenschaften von ihrem Auto spiegeln, die ihnen selbst fehlen. Herr XY ist kein Einzelfall. Viele Menschen kompensieren ihren Mangel an Lebensfreude, Engagement und Entschlusskraft mit einer beachtlichen Anzahl von Pferdestärken. Dagegen ist nichts einzuwenden, solange jemand damit umgehen kann. Wenn es jedoch passiert, dass die 200 oder 300 PS mit dem Fahrer durchgehen und es infolgedessen zu einem gefährlichen Unfall kommt, ist das ein Warnsignal. In diesem Fall halte ich eine Spiegelbild-Analyse für besonders angebracht, um der unbewussten Überzeugung auf die Spur zu kommen, die das Unglück verursacht hat. Ich formuliere für meine Leser das nachfolgende Übungsbeispiel der Einfachheit halber gleich in der ICH-Form. Genauso mögen Sie vorgehen, wenn Sie in Hinkunft die Botschaften Ihres Autos entschlüsseln.

Beispiel:
1. Beschreibung der Situation:
Ich fuhr mit meinem BMW auf der Westautobahn, Tempo zwischen 170 und 180 Stundenkilometer. Ein stressiger Arbeitstag lag hinter mir und ich wollte nur noch ausspannen. Eigentlich war ich jetzt froh, ein so schnelles Auto zu besitzen, denn es sollte mich so rasch wie möglich nach Hause bringen. Bei einem Überholmanöver verlor ich plötzlich die Kontrolle über das Lenkrad. Infolgedessen krachte ich gegen die Leitschiene und mein Wagen kam nach mehreren Schleuderungen auf dem Dach liegend zum Stillstand. Ich kam mit Prellungen und Hautabschürfungen davon.

2. Entschlüsselung und Verantwortung dafür übernehmen:
Ich sehne mich nach Ruhe und Entspannung. Bei überhöhtem Lebenstempo (= Fahrgeschwindigkeit) verliere ich zur Zeit die Kontrolle über mich selbst (= verliere ich zur Zeit die Kontrolle über mein Auto) und damit schade ich mir (Prellungen, Hautabschürfungen). Ich übernehme jetzt die Verantwortung für meinen Unfall. Ich war es selbst, der ihn verursacht hat. Diese Entschlüsselung könnte etwa so lauten: „Zuerst kommt die Firma, dann komme ich" oder „Stress gehört zu meinem Leben" oder „Ich brauche den Stress."

3. Danken und Loslassen:
Ich bin dankbar, dass mich mein Unfall auf ein unbewusstes Denkmuster hingewiesen hat, mit dem ich mir selbst Schaden zufüge.

Ich gebe es jetzt ein für alle Mal auf, als Zeichen meiner Wertschätzung für mich selbst.

4. Neue Idee (Affirmation):
Ab jetzt bewahre ich meine neue Einstellung in meinen Gedanken. Ich wiederhole sie so oft wie möglich: „Ich sorge jetzt gut für mich und halte mein persönliches Lebenstempo ein. Ich tue eines nach dem anderen, und zwar in meinem Tempo. Meine Firma ist mir wichtig und mein Privatleben ist mir genauso wichtig. Tägliche Entspannung gehört zu meinem Leben. Dabei komme ich zur Ruhe und bin dann frisch für den nächsten Tag."

Dieses Beispiel verdeutlicht, wie einfach es ist, hinter das Geschehen zu schauen und die eigentliche Botschaft zu begreifen: Ich war es selbst, der diesen Unfall verursachte, damit mir bewusst wurde, dass ich mein ureigenstes Lebenstempo missachte. Ich hatte bereits die Kontrolle in irgendeinem Bereich meines Lebens verloren, weil ich zu rasant vorging. Ich konnte meinen Lebensrhythmus nicht mehr steuern und schadete mir damit selbst. Und ganz genau das spiegelte mir der Unfall mit meinem BMW!

Zusammenfassung

- Die PS-Anzahl Ihres Autos lässt einen Rückschluss auf Ihr Energiepotential zu.
- In den Pferdestärken Ihres Wagens spiegeln sich sowohl Ihre aktive Stärke wie auch Ihre Kraftreserven, wenn es gilt, Herausforderungen in Ihrem Leben zu meistern.
- Die Summe der Pferdestärken Ihres Autos entspricht demnach Ihrer momentanen Überzeugung, wie viel Kraft Ihnen

bewusst zur Verfügung steht und wie viel ungebrauchte Kraft in Ihnen schlummert.

- Die PS-Zahl Ihres Wagens ist ein Gleichnis, ein Spiegelbild Ihrer bewussten und unbewussten Gedanken. Wobei ich unter „Gedanken" auch Glaubenssätze reihe, die Sie fraglos als die Ihren akzeptieren.

- Alles, was SIE in Ihrem Geist bewahren, zeigt sichtbare Folgen in Ihrem Leben. Wenn Sie sich also der Meinung anderer anschließen, dass „man nur einen Wagen mit mindestens 100 PS als Auto bezeichnen kann und alles darunter Mist ist", dann sollten Sie diesen allgemeinen Glauben zuerst für sich selbst hinterfragen.

- Ob ein Auto mit hoher PS-Zahl wirklich zu Ihnen passt, können nur Sie wissen – und niemand anderer sonst.

- Mit ein bisschen gutem Willen gelingt es Ihnen bestimmt, die richtige PS-Wahl zu treffen. Das ist jene, die Ihrem derzeitigen Naturell entspricht.

- Probieren Sie verschiedene Wagen aus, machen Sie mehrere Probefahrten, geben Sie Gas und testen Sie die Geschwindigkeit der Beschleunigung. Auf diese Weise lernen Sie nachzuempfinden, mit wie vielen Pferdestärken Sie sich am wohlsten fühlen.

- Allein Ihr Wohlgefühl ist das Barometer der Stimmigkeit. Nur Ihre (hohe oder mangelnde) Zufriedenheit und Ihr (gesättigtes oder hungriges) Sicherheitsgefühl sind exakte Aussagen darüber, wie viele Pferdestärken Ihrem momentanen Wesen optimal entsprechen.

3. Gangschaltung oder Automatik

Ob Sie Ihren Wagen mit einem fest in der Hand liegenden Schaltknüppel oder einem kleinen Einstellhebel in Gang setzen, lässt wiederum einen analogen Rückschluss auf Ihr Wesen zu.

Jemand, der gerne schaltet, der tut gerne.

Demnach ordne ich die Gangschaltung dem Yang-Prinzip zu. Wenn Sie Automatikschaltung vorziehen, gehören Sie eher zu den Gemütlichen, die lieber geschehen lassen, als selbst einzugreifen. Was bedeutet das? Ich habe schon mehrmals erwähnt, dass Ihr Auto Ihre Einstellung spiegelt. Es dient Ihnen als Mittel zur Selbsterkenntnis ohne Aufwand.

Wenn Sie Ihren derzeitigen Wagen in seiner Gesamtheit betrachten, können Sie sich durchaus sagen: „Aha, das bin also ich!" Von mir aus lächeln Sie dabei! Trotzdem bleibt es ein großes Stück Wahrheit für Sie, was Sie da alles bemerken. Ich bringe in Erinnerung: Es kann in Ihrem Leben nur das vor Ihren Augen sein, was Sie in Ihrem Geist haben. Daher können Sie alles,

was Ihnen an Ihrem Auto auffällt
(angenehm oder unangenehm),

analog für Ihr Wesen deuten. Der allgemeinen Auffassung folgend, ist es kein Geheimnis, dass wir Personen als „sportlich" oder „männlich" einstufen, die gerne schalten. Das Schalten vermittelt uns den Eindruck, unser Auto besser „in der Hand" zu haben – besonders auf schwierigen Strecken. Eine solide Gangschaltung gibt uns die Sicherheit, im Augenblick sofort etwas tun zu können. Wir können in das Geschehen aktiv eingreifen – einen Gang höher oder niedriger schalten, wie es uns beliebt. Bitte verstehen Sie mich richtig, liebe Leserinnen und Leser. Selbstverständlich passiert das Gleiche bei einer Automatikschaltung – mit nur einem kleinen Unterschied: Hier obliegt es sozusagen der Maschinerie, wann sie einen höheren oder niedrigeren Gang bevorzugt. Es geschieht einfach in der gegebenen Situation ohne Ihr Zutun – bis auf die eine Kleinigkeit: Bei Automatik müssen Sie nur einmal den Einstellhebel bewegen, vorwärts oder rückwärts, nachdem Sie Ihren Wagen gestartet haben. Bemerken Sie die feine Nuance? Analoges Denken ist nicht schwierig – es ist nur ungewohnt und jeder kann es erlernen. Es ist eine faszinierende Angelegenheit, das Sichtbare vor Ihren Augen als Gleichnis zu betrachten, als Abbild Ihres Bewusstseins.

Ich werde öfter gefragt, was ich unter „Bewusstsein" verstehe. Für mich ist es die Summe all meiner geistigen Inhalte. Dazu gehören meine bewussten Gedanken genauso wie auch meine unbewussten Überzeugungen und Glaubenssätze. Mit dem Gesetz von Ursache und Wirkung habe ich mich intensiv beschäftigt. Ich weiß, dass die Ursache für alles Konkrete in meinem Leben in meinem Denken zu finden ist. Und deshalb ist mir klar, dass ich mich auch an meinem Auto gespiegelt sehe. Ich bin es, die mein Auto genauso haben will, wie es eben ist. Klingt das paradox für Sie? Weil sich etwas in Ihnen wehrt und herausgeschrien werden möchte? Zum Beispiel:

„Nein, ich will mein Auto nicht so, wie es ist! Manchmal springt es an und manchmal nicht! Ich kann mich überhaupt nicht darauf verlassen! Und das fällt mir schwer auf die Nerven."

STOPP, liebe Leserinnen und Leser. Gerade deshalb, weil das tatsächlich stimmt, was im obigen Beispiel steht, müssen Sie die Verantwortung dafür übernehmen und sich sagen:

Mein Auto spiegelt MICH. Daher bin ICH es, der/die manchmal „anspringt" (= agiert, handelt) und manchmal nicht. ICH bin es, der/die sich nicht auf sich verlassen kann, und weil ich daran bis jetzt nichts veränderte, gehe ICH mir schon schwer auf die Nerven.

ICH bin es, die Dinge und Menschen heranzieht, die exakt meinem Bewusstsein – also MIR – entsprechen. Ich sehe mich daher in allem, was um mich ist, gespiegelt. Sei es eine Person oder meine Wohnung, seien es meine Zimmerpflanzen oder mein Job, sei es meine Figur oder mein Auto. Diese Aufzählung ließe sich endlos lang fortführen. Die Aussage bleibt jedoch immer die gleiche:

ICH bin der Herbeischaffer alles Konkreten in meinem Leben.
ICH bin der/diejenige, der/die eine dementsprechende Überzeugung haben muss, der/die das Sichtbare in meinem Leben hervorbringt.
In den Dingen, den Ereignissen und in den Personen rund um mich sehe ich immer nur MEIN Bewusstsein gespiegelt – und erkenne daher MICH.

Zurück zu unserer Titelzeile. Es kann sein, dass Sie jahrelang mit Ihrer Gangschaltung zufrieden waren und sich plötzlich das Verlangen nach einem Wagen mit Automatik regt. Sie informieren sich bei verschiedenen Auto-Firmen darüber, lassen sich Berge von Prospekten schicken und genießen diverse Probefahrten, bevor Sie sich für ein bestimmtes Modell mit Automatik entscheiden. Nun, daran ist nichts Ungewöhnliches, werden Sie jetzt vermutlich denken. Im Spiegel betrachtet, können Sie jedoch dahinterschauen, was eine solche Aktion zusätzlich im Sinne einer Selbsterkenntnis bedeutet.

Wenn Sie vom Schalten auf Automatik wechseln wollen, sind Sie soeben dabei, generell einem anderen Prinzip den Vorrang zu geben. Vordergründige Aktivität, die Sie vielleicht über Jahre gelebt haben, weicht allmählich der Passivität. Überzeugungen wie zum Beispiel „Ich muss immer etwas tun“ oder „Geduld hab ich noch nie gehabt“ oder „Ich brauche Aktion, sonst ist mir fad“, die Sie wahrscheinlich achtlos immer wieder denken und aussprechen, verschwinden allmählich. Es fällt Ihnen auf, dass Sie sich durchaus ein Mittagsschläfchen gönnen, obwohl sich in Ihrer Küche oder auf Ihrem Schreibtisch das Chaos breitmacht. Plötzlich kommen Ihnen Termine nicht mehr so wichtig vor, denen Sie bis jetzt den Vorrang gaben, usw. Ihr Wunsch nach einem Wagen mit Automatikschaltung ist ein sichtbares Zeichen – ein Spiegelbild – dafür, dass sich in Ihrer gedanklichen Welt etwas verändert. Ihr neues Auto ist die konkrete Folge Ihrer neuen Geisteshaltung. So einfach ist das.

Umgekehrt kann Ihr Begehren, mal so richtig durchzuschalten, eine Bestätigung dafür sein, dass Sie allgemein aktiver werden. Eine Veränderung in Ihrer Geisteshaltung zeigt sich nämlich – wie schon mehrmals erwähnt – auf sämtlichen Ebenen, die Ihr Leben betreffen: an Ihrem Auto, Ihren Haushaltsgeräten, Ihrem Haustier und an Ihrem Freundeskreis genauso wie an Ihrem körperlichen Befinden.

Was für einen Wagen Sie derzeit fahren und welchen Sie sich insgeheim wünschen, ist auch eine Aussage über Sie. Wenn wir davon ausgehen, dass Ihr jetziges Auto exakt Ihnen entspricht, Sie aber von einem anderen träumen, sind Sie bereits auf dem besten Weg, sich in eine andere Persönlichkeit zu verwandeln. Wo genau die Unterschiede zwischen Ihrem derzeitigen Auto und Ihrem Traumwagen liegen, genau dort liegen Ihre Aufgaben, deren Lösung Sie in den Menschen verwandelt, der dann wirklich zu seinem Traumauto passt!

Beispiel:
Frau XY besitzt kein eigenes Auto. Sie borgt sich manchmal den Wagen Ihres Mannes, einen dunkelgrauen Audi-Automatik, um Einkäufe zu erledigen oder Freunde zu besuchen. „Ein Auto in der Familie genügt", hatte Herr XY entschieden und daran hält sich Frau XY schon über zehn Jahre. Ihr Wunsch nach einem eigenen fahrbaren Untersatz regt sich jedoch von Tag zu Tag stärker. Insgeheim träumt sie von einem roten Golf mit Schiebedach! „Ja, der passt am besten zu mir. Mit dem Auto könnte ich mich voll identifizieren", denkt Frau XY voller Sehnsucht.

Entschlüsselung:

Frau XY hat ihr vollständiges Wesen noch nicht zur Gänze entdeckt (noch kein eigenes Auto). Sie ist hauptsächlich auf Mann und Familie konzentriert anstatt auf sich selbst (borgt sich das Auto des Ehemannes). Sie identifiziert sich mehr oder weniger mit dem Wesen ihres Mannes (gibt sich mit nur einem Auto, das der Ehemann ausgewählt hat, zufrieden), der eher zu den gemütlichen, unauffälligen, konservativen, familienfreundlichen Naturen zu gehören scheint (grauer Audi-Automatik). Frau XY spürt, dass sie sich verändern will (starker Wunsch nach eigenem Auto. Eigenes Auto = eigenes Selbst). Sie möchte endlich ihr wildes Temperament heraus- und die Sonne in ihr Leben hereinlassen (rotes Auto mit Schiebedach). Sie will selbst etwas tun, selbst entscheiden und ihrem eigenen „Schalten" (Eingreifen, Entscheiden) gemäß vorankommen (Auto mit Gangschaltung).

Das Wunschauto der Frau XY, ein roter Golf mit Schiebedach, ist die exakte Entsprechung ihres Wunsches nach Veränderung ihrer Persönlichkeit. Der Themenkomplex „Aktivität, Unabhängigkeit, Autonomie, Lebensfreude, Selbstentfaltung" wirkt nicht mehr allein im Unbewussten, sondern drängt immer stärker an die Oberfläche, gespiegelt durch das Verlangen nach einem eigenen Wagen. Die tatsächliche Persönlichkeitsveränderung der Frau XY wird entschieden beeinflusst

durch das Aufgeben jener Überzeugungen,

die ihrer vollen Wesensentfaltung bis jetzt im Wege standen.

Zum Beispiel:

„In der Ehe hat der Mann das Sagen, die Frau muss sich fügen", „Es ist vernünftiger – sparsamer – besser, wenn wir zu zweit nur ein Auto haben", „Wenn ich zeige, wie ich wirklich bin, dann verlässt er mich", „Ich werde nie meinen eigenen Golf haben, dafür bin ich schon zu alt."

Wenn Frau XY diese oder ähnliche Denkmuster aufgibt, hätte sie damit einen Riesenschritt zu ihrem Wunschziel getan: Eine andere Persönlichkeit zu werden. Wenn sie sich dann in weiterer Folge auf positive Gedankenmuster einstimmt, wie zum Beispiel:

„In einer Ehe entscheiden beide", „Ein eigenes Auto zu besitzen ist wunderbar!", „Gott hat mir mein Temperament geschenkt, damit ich es zeige und lebe. Und deshalb lasse ich es jetzt heraus!"

Wenn Frau XY dann diesen neuen Gedankenmustern entsprechend handelt, hat sie bereits mehr als die Hälfte geschafft. Ungeahnte Möglichkeiten tun sich auf, weil Gott Menschen liebt, die von ihren Traumzielen nicht nur fantasieren, sondern diese auch wirklich erreichen, indem sie handeln.

Zusammenfassung

- Ob Sie derzeit ein Auto mit Gangschaltung fahren oder mit Automatik lässt einen Rückschluss darauf zu, welchem Prinzip Sie im Moment den Vorrang geben: dem aktiven oder dem passiven.

- Je mehr Gänge Ihr Wagen hat und je lieber und öfter Sie schalten, desto mehr können Sie sich als tuenden, eingreifenden, aktiven Menschen begreifen.

- Wenn an Ihrer Gangschaltung ein Defekt auftritt, können Sie daraus schließen, dass Sie derzeit in irgendeinem ganz bestimmten Punkt nicht richtig „schalten“ (gedanklicher Fehlschluss, falsche Folgerung). Sie können sich fragen: „In welcher Angelegenheit, die mich momentan beschäftigt, ziehe ich für mich selbst einen Fehlschluss?“

- Bekommen Sie plötzlich Lust auf einen Wagen mit Automatik-Schaltung, nachdem Sie über Jahre ein Modell mit Gangschaltung fuhren, ist generell in Ihrem Leben ein anderes Prinzip angesagt: Passivität, mit dem Leben fließen, nicht eingreifen, geschehen lassen.

4. Extras

Zierkappen, Zusatzscheinwerfer, Spoiler, verchromte Stoßstangen – ja selbst Schleifen aus bunten Bändern auf der Antenne lassen selbstverständlich auch wieder eine Deutung des Autobesitzers zu. Sämtliche Extras und Zusatzteile, die die Standardmodelle normalerweise entbehren, sind Spiegelbilder eines schillernden Charakters. Natürlich ist jede Sonderausstattung an Ihrem Wagen ein spezielles Spiegelbild für sich. Ich komme darauf noch zu sprechen. Generell jedoch meine ich, dass

sämtliche Extras die Extravaganzen des Wagenbesitzers aufzeigen.

Wenn Sie also Spaß daran haben, dass Ihr Auto aufgrund seiner Extra-Ausstattung aus dem riesigen Ozean der Normalität hervorsticht, dann blicken Sie in Ihr eigenes Spiegelbild: Sie sind es, der gerne auffällt, Sie wollen dann und wann ausbrechen, Sie lieben das Ausgefallene und schmücken sich gerne, Sie sind es, der auf keinen Fall als graue Maus im Strom des Lebens mitschwimmen möchte, so wie viele andere.

Nun, was bedeutet das im Einzelnen auf Ihr Leben übertragen? Ich bin sicher, dass Sie selbst die Antwort erraten, wenn Sie sich die Freude machen, Ihren Wagen mit all seinen Extras ein paar Minuten still zu betrachten. Was Sie da sehen, das sind Sie. Ihr Auto entspricht exakt Ihrem derzeitigen Bewusstsein. Was an Ihrem Auto sichtbar ist, ist ein Gleichnis, eine konkret gewordene Überzeugung, die Sie haben müssen (!). Wie schon mehrmals erwähnt, ist es immer der Geist, der Tatsachen schafft. Wenn also Ihr Auto eine extra große, verchromte Stoßstange aufweist, die eigentlich nur auf einer Afrika-Safari gebraucht werden würde, dann könnten Sie diese Tatsache auf sich selbst umlegen – und die Überzeugung (den Gedanken) formulieren, die Sie zur Montage einer extra robusten Frontabsicherung veranlasst hat. Selbsterkenntnis ist ein Abenteuer! Machen Sie ein Spiel daraus! Üben Sie.

Wir wollen nun das Beispiel mit der Stoßstange entschlüsseln. Jemand, der eine extra große, auffällige Stoßstange benötigt, obwohl weit und breit weder Elefanten noch Nashörner zu sehen sind, will sich vor Angriffen schützen. Wahrscheinlich haben wir es mit einer zarten, misstrauischen Seele zu tun, die einerseits an jeder Ecke einen Feind vermutet und der Umwelt andererseits kaum vorhandenes Durchsetzungsvermögen demonstrieren möchte. Offensichtlich an der überdimensionierten Stoßstange, wie auch an allen anderen Extras, ist auch der Effekt des „Auffallens" in der Menge, das „Sich-bemerkbar-Machen". Menschen mit geringem Selbstwertgefühl neigen besonders dazu. Sie wollen von außen jene Bestätigung und Anerkennung erheischen, die sie sich selbst versagen.

Bunte Schleifen auf der Antenne deuten auf einen fröhlichen, verspielten Charakter. Mag das Leben auch zeitweise trist oder unüberschaubar sein, die Masche bleibt oben! Für mich ist sie ein Symbol meiner heiter-gelassenen Lebenseinstellung, meiner positiven Grundtendenz. Wenn Sie Ihren Wagen mit einer Schleife schmücken, dann ist das ein Gleichnis dafür, dass Sie sich gerne „schmücken". Sie können auch Wörter wie „verzieren" oder „verschönern" verwenden. Mit einem Wort ist das Mascherl auf Ihrer Antenne ein Spiegelbild dafür, dass Sie das auserlesene Bonbon in einer Schachtel voll Pralinen sein möchten – symbolisch natürlich.

Zusatzscheinwerfer sind leicht zu entschlüsseln. Bitte versuchen Sie es selbst! Woran mangelt es jener Person im Bewusstsein, wonach sehnt sie sich generell? Die vielen hell aufleuchtenden

Lichter am Auto spiegeln welchen Gedanken, welche Sehnsucht? Was genau versucht jemand zu erreichen bzw. zu verändern, der an seinem Wagen zusätzliche Scheinwerfer hat?

An dieser Stelle möchte ich auf etwas ganz Wichtiges hinweisen. Überzeugungen und Glaubenssätze sind auch nichts anderes als Gedanken, die sich verwirklichen – und zwar in sämtlichen Lebensbereichen, im einen mehr, im anderen weniger. Im Großen wie im Kleinen, innen und außen, spielt sich das Gleiche ab. Das bedeutet, dass wir unsere Gedanken an den Tatsachen in unserem Leben gespiegelt sehen! Das Beispiel mit den Extra-Scheinwerfern ist deutlich genug: Der Wagenbesitzer möchte mehr Licht in sein Bewusstsein bringen! Er will sämtliche dunklen Ecken ausleuchten, seine blinden Flecken entfernen – aber eben nicht nur auf der Straße, wenn er mit seinem Auto unterwegs ist, sondern er braucht überhaupt mehr Lichtblicke, überall in seinem Leben.

Zierkappen an den Rädern spiegeln die Einstellung eines Menschen, der gerne im Strom des Lebens unterwegs ist. Die Räder stehen symbolisch für „Vorankommen“, „Sich in Bewegung setzen“ und das kann man selbstverständlich auch ohne Zierkappen zuwege bringen. Der Besitzer eines Autos mit verschönerten Rädern demonstriert damit lediglich seine Freude an der Fortbewegung. Übertragen auf das Bewusstsein jener Person haben wir es mit jemandem zu tun, der sich nicht allzu leicht aus der Bahn werfen lässt, selbst wenn er eine unangenehme Erfahrung macht. „Das Leben ist schön! Ich lerne gerne etwas dazu. Ich bin gerne unterwegs, tue, was notwendig ist, und habe Spaß daran“ – so etwa würde ich die Geisteshaltung jener Person formulieren, deren Zierkappen für jedermann sichtbar schon von weitem glänzen.

Es kann sein, dass Sie einen Autobesitzer kennen, dessen Wagen zwar viele Extras – auch Zierkappen – aufweist, aber von Freude an geistigem Vorankommen ist keine Spur. In dem Fall trifft etwas Ähnliches zu, das ich schon im ersten Kapitel erwähnte: Die mangelnde Freude im Bewusstsein wird im Außen durch bestimmte Auffälligkeiten ausgeglichen. Eine riskante Angelegenheit, weil Innen (Geisteshaltung) und Außen (Fakten, Tatsachen) nicht harmonieren. Nehmen wir an, besagte Person leidet an mangelnder Lebenslust und zeigt kaum Interesse, durch Geistesschulung daran etwas zu verbessern. Das Einzige, woran etwas verschönert wird, ist der Wagen der Person. Die Kluft wird offensichtlich: Das Auto entspricht nicht der momentanen geistig-seelischen Verfassung des Besitzers. Dauert dieser Zustand länger an, schafft meistens das Leben selbst dementsprechende Spiegelbilder: Zierkappen werden verloren oder gestohlen, die extra verchromte Stoßstange bekommt durch einen Parkschaden eine Delle, Zusatzscheinwerfer werden beschädigt usw. Das Analogiegesetz, wie innen im Bewusstsein, so im Außen, wirkt, ob uns das gefällt oder nicht.

Dach- oder Heckspoiler sollen angeblich die „Windschlüpfrigkeit" fördern und ein höheres Maß an Rasantheit garantieren. Ich denke anders darüber. Zusatzteile an der Karosserie, die das abgerundete Gesamtbild des Wagens verändern, sehe ich übertragen auf das Bewusstsein des Autobesitzers wiederum als generelle Tendenz zum Abweichen von der Norm. Die Person findet es bereichernd, herrlich und gut, gegen den Strom der Normalität zu schwimmen – herauszuragen – genauso wie die Spoiler am Dach oder am Heck über die Karosserie „hinausragen". Analog gedeutet, sehe ich in Spoilern wie auch in Zierleisten Symbole für besondere Eigenschaften im Wesen des Wagenbesitzers. Das können spezielle Begabungen sein, die eben andere Menschen nicht besitzen.

Wenn Sie derzeit

ein Auto mit vielen Extras fahren,
dann sollten Sie sich fragen,
was Ihnen besonders leicht von der Hand geht
und was Sie außerordentlich gut können.

Bitte denken Sie daran: Ihr Auto spiegelt Ihnen auch Ihr Unbewusstes! Vielleicht schlummern in Ihnen verborgene Talente, die längst darauf warten, dass sie endlich von Ihnen entdeckt werden!

Zusammenfassung

- Extraausstattungen an Ihrem Wagen lassen einen Rückschluss auf Ihr Bewusstsein zu. Sie dürfen sich zu jenen Personen zählen, die aus der Normalität hervorstechen wollen.

- Je nachdem, welche Extras Ihr Auto zur Zeit besitzt, können Sie ins Detail gehen und analog entschlüsseln, was die Zierleiste, die Zusatzscheinwerfer, die Heckleuchten, die Zierkappen usw. im übertragenen Sinn für Sie bedeuten.

- Selbsterkenntnis ist ein aufregendes Abenteuer. Sagen Sie ja zu sich selbst und entdecken Sie an der Sonderausstattung Ihres Wagens Ihre eigene, geistige „Sonderausstattung“.

5. Komfort und Sicherheit

Ich erinnere mich noch genau an meine ersten beiden Autos: Einen gelben Puch 500, den ich mit einem Tachometerstand von über 100.000 km billigst gekauft hatte, und eine „Ente“ namens Tartuff, das war ein Citroen 2CV mit Schiebedach und umständlicher Frontschaltung. Heute würde ich sagen, dass beide Autos damals perfekt zu meinem Wesen als Zwanzigjährige gepasst haben. Sie spiegelten mir erstens meine innere Un-Sicherheit und zweitens meinen Fehlglauben: „Ich verdiene weder Wohlstand noch Komfort noch einen Hauch von Luxus.“ Obwohl mich ein großes Bedürfnis nach Sicherheit in der Partnerschaft, in meiner finanziellen Situation und im Beruf vorwärtstrieb, hatte ich dennoch meine Fehlgedanken in Form meiner ersten beiden Kleinwagen täglich vor Augen.

Ich war mir kein bisschen Komfort, überhaupt keinen Luxus und schon gar keine Lebensqualität wert. Verzichten und wieder verzichten war für mich damals Routine. Mich (!) etwa an die erste Stelle zu setzen, wenn es darum ging, jemandem eine kleine Freude zu bereiten, war mir fremd. Auf meine Geborgenheit in der Beziehung zum Vater meines Sohnes, einem verheirateten Mann, hatte ich ebenfalls verzichtet – ahnungslos, warum ich das tat. Heute ist mir bewusst, dass mir jede Negativ-Überzeugung konkrete Folgen beschert, die sich überall in meinem Leben und auch an meinem Auto spiegeln.

Weder der Puch 500 noch der 2CV boten mir Sicherheit oder gar Komfort. Ersteren besaß ich nur drei Wochen. Bei einer Reise ins südliche Niederösterreich spuckte er plötzlich stinkenden Qualm aus allen Ritzen. Aus dem Aufpuff verlor er glühende Gummiteile, das sah ich Gott sei Dank im Rückspiegel. Ich würde sagen, dass mir mein erstes Auto ein Selbst spiegelte (meines!), das reif geworden war, zu verglühen.

Wenn ich mit der „Ente" einen LKW überholen wollte, geriet ich jedes Mal in ärgste Bedrängnis, weil die wenigen PS kaum Beschleunigung zuließen. Genauso sah es rundherum in meinem Leben aus: Bei den geringsten Anlässen, die mein Durchhaltevermögen forderten, wurde mir schlecht und ich fiel in Ohnmacht …

Botschaften zu entschlüsseln ist so einfach! Besonders dann, wenn Sie Ihren Wagen mit heiterer Gelassenheit ansehen. Bietet er Ihnen die Sicherheit, die Sie brauchen?

Natürlich meine ich damit jene Sicherheit,
die Sie sich in sämtlichen Lebensbereichen wünschen.
Ihr Auto ist ja ein Spiegelbild davon,
was SIE sich zur Zeit wert sind.

Weist Ihr Wagen jenen Komfort auf, den Sie sich wünschen? Sitzen Sie gut darin? Hat er eine Klimaanlage? Ist es so, als würden Sie in Ihre zweite Haut schlüpfen, wenn Sie einsteigen? Wenn ja, dann gratuliere ich – denn Sie können daraus schließen, dass Sie auf dem Weg sind, das Leben in seiner Bestqualität zu umarmen! Diese Bestqualität spiegelt sich nicht nur an Ihrem Auto, sondern kommt auch in anderer Form auf Sie zu – weil Sie davon überzeugt sind, das Beste zu verdienen. Sie achten darauf, mit wem Sie befreundet sein wollen und mit wem nicht. Sie fördern bewusst Ihre Gesundheit, haben ein gemütliches, schönes Zuhause, vielleicht sogar ein größeres Anwesen oder einen Riesengarten, der Ihr Wohlgefühl jeden Tag aufs Neue fördert. Wenn Ihr Auto „Komfort" aufweist, dann haben Sie „Komfort" in Ihrer gedanklichen Welt. Ich gratuliere Ihnen! Sie legen generell in Ihrem Leben viel mehr Wert auf Qualität als auf Quantität. Für Billig-Shops haben Sie nichts übrig. Lieber nur zwei Anzüge, aber diese nach Maß. Lieber nur eine Woche auf einer Luxus-Kreuzfahrt das herrliche Leben genießen, als vier Wochen Mallorca zum Schleuderpreis – so ähnlich würde ich die Geisteshaltung einer Person beschreiben, die einen wunderbaren Wagen mit Komfortausstattung besitzt.

Wie schon in den vorigen Kapiteln erwähnt, kann jedoch die Luxusausstattung Ihres Wagens auch darauf hindeuten, dass Sie sich nach Lebenskomfort sehnen. Es kann durchaus sein, dass Ihr Auto das einzig komfortable Stück ist, das Sie zur Zeit besitzen. Vielleicht haben Sie sich sogar für den hohen Kaufpreis in Schulden gestürzt, obwohl in Ihrer Wohnung und in Ihrem Kleiderschrank so manches fehlt? Wenn das so ist, möchte ich auf das erste Kapitel verweisen: Ihr Auto sollte möglichst Ihnen entsprechen und ein harmonisches Bild abgeben. Wenn Sie also einen Luxuswagen fahren, aber sonst nirgendwo Luxus in Ihrem Leben ist,

dann können Sie in dieser Tatsache
Ihre eigene Zwiespältigkeit erkennen.

Es ist nun mal kein harmonisches Bild, das Sie da gespiegelt sehen, denn wenn Komfort und Luxus wirklich zu Ihnen gehören, dann zeigt sich das überall und rundherum: in Ihrem Wohnbereich, auf Ihrem Bankkonto, an Ihrem Partner, an Ihrem gesunden, wohlgeformten Körper und an Ihrem beruflichen Erfolg! Selbstverständlich wäre in diesem Fall ein Wagen mit Luxus-Ausstattung passend für Sie, weil er eben Ihrem Wohlstandsdenken entspricht.

Nun zur Sicherheit. Wie selbstsicher schätzen Sie sich ein? In welchen Situationen verlieren Sie Ihre Selbstsicherheit? Was genau macht Sie sicher? Was brauchen Sie, um sich im Beruf, in der Partnerschaft, beim Sport, unter Fremden wirklich sicher zu fühlen?

Ein sicheres Auto spiegelt das Bestreben des Besitzers nach Sicherheit in allen Lebensbereichen.

Wenn Sie beim Kauf Ihres Wagens hauptsächlich auf seine Sicherheitsvorkehrungen Wert gelegt haben, und weniger auf sein Aussehen oder seine Höchstgeschwindigkeit,

→ dann rangiert für Sie die Sicherheit auch in zwischenmenschlichen Beziehungen vor der „äußeren Schönheit".

→ dann ist Ihnen ein sicherer Job lieber als einer, wo Sie vielleicht mehr verdienen würden.

→ dann würden Sie Ihr kleines Gartenhäuschen niemals für eine riskante Börsenaktion eintauschen, die Ihnen vielleicht ein neues, großes Haus bringt usw.

Bitte denken Sie immer daran, Ihr Auto spiegelt SIE. Es vermittelt Ihnen Berge von geheimen Botschaften, die allesamt Spiegelbilder Ihres Denkens und Glaubens sind. Ihr Auto ist eine Schatztruhe, unbewussten Überzeugungen auf die Spur zu kommen.

Wie sieht es mit dem Anlegen der Sicherheitsgurte aus? Halten Sie sich immer an die gesetzliche Vorschrift? Oder nur dann, wenn Sie längere Strecken zurücklegen? Gehören Sie etwa zu jenen Risiko-Freaks, die sich niemals anschnallen? Wie auch immer – Sie können daraus etwas über sich selbst erfahren, das sich nicht nur beim Autofahren zeigt.

Jemand, der sich immer vorschriftsmäßig anschnallt, auch bei kurzen Ausfahrten, hält sich generell auch in anderen Punkten lieber an Vorschriften, anstatt selbst die Initiative zu ergreifen. Wir haben es mit einer anpassungswilligen Person zu tun. Was die Gesellschaft, die Hausordnung, die Kirche oder der Kegelverein vorschreibt, das zählt vorrangig. Zusätzlich bedeutsam erscheint mir das übersteigerte Sicherheitsbedürfnis der Person.

→ Lieber alleine leben, als eine aufregende Beziehung einzugehen.

→ Lieber in einer Ehe, totgelaufenen Ehe verharren, als ein Allein-Leben wagen.

→ Lieber tagaus, tagein den Garten pflegen, als eine Entdeckungsreise machen.

→ Lieber ein sicheres Sparbuch mit wenig Zinsen, als gewinnträchtige Aktien kaufen.

→ Lieber den kleinen Spatz in der Hand als den königlichen Adler auf dem Dach.

Diese Beispielkette ließe sich noch fortführen, aber ich denke, sie ist lange genug, um der Denkstruktur eines Menschen auf die Spur zu kommen, der die Sicherheit seines Autos vor alles andere stellt und niemals vergisst, sich anzugurten. Selbst dann nicht, wenn er seinen Wagen bloß aus der Garage fährt. Ich habe die Beispiele absichtlich etwas krasser dargestellt, damit Sie sich mit dem analogen Denken leichter tun. Grundsätzlich brauchen Sie immer nur eines zu beachten:

Das, was Ihr Auto darstellt, stellt SIE dar.
Worauf Sie an Ihrem Wagen Wert legen,
darauf legen Sie bei sich selbst Wert
und bei Ihren Mitmenschen.

Es ist immer ein bestimmtes, zugrunde liegendes Denkmuster, das Sie zum Kauf eines bestimmten Autos bewegt. Es ist immer eine bestimmte, zugrunde liegende Überzeugung, die Sie veranlasst, auf bestimmte Teile Ihres Wagens besonders zu achten. Diese bestimmte, zugrunde liegende Überzeugung aber

zieht sich wie ein roter Faden
durch all Ihre Lebensbereiche und trägt Folgen.

Genau deshalb ist es so faszinierend, wenn Sie sämtliche Eigenschaften, Vorzüge und Mängel Ihres fahrbaren Untersatzes als Spiegel Ihres momentanen Bewusstseinszustandes entschlüsseln lernen. Infolgedessen können Sie Ihre Überzeugungen formulieren und auf sämtliche anderen Lebensbereiche übertragen. Mit Hilfe Ihres Wagens wird es Ihnen möglich sein, sich selbst in allem rundherum zu erkennen.

Wenn Sie sich absichtlich nie anschnallen – wie würden Sie dann jene Gedanken formulieren, die Sie dazu veranlassen? Es ist immer ein Gedanke von Ihnen, der die Tatsachen in Ihrem Leben schafft, und nicht umgekehrt. Daher müssen Sie einen oder mehrere Gedanken haben, die Sie dazu ermuntern oder gar zwingen, ein derartiges Risiko einzugehen. Vielleicht denken Sie:

„Gefahr gehört zum Leben"
„Dagegen-Sein ist mein Prinzip"
„Sterben muss jeder einmal"
„Mir ist egal, was mit mir geschieht" oder Ähnliches.

Spüren Sie bitte hin, was davon auf Sie zutreffen könnte. Machen Sie sich bewusst, dass in Ihrer Geisteshaltung Auflehnung, Rebellion und Gleichgültigkeit regieren, mit denen Sie sich wahrscheinlich unangenehme Tatsachen in Ihr Leben holen. In Ihrem Widerwillen, Sicherheitsgurte zu verwenden, spiegelt sich Ihr Widerwille gegen Sicherheit und Geborgenheit in jeder Hinsicht.

Wenn Sie sich prinzipiell niemals anschnallen,
dann sorgen Sie auch in anderen Lebensbereichen
zu wenig für Ihre persönliche Sicherheit!

Sie missachten damit das Bedürfnis Ihrer Seele, sich geborgen zu fühlen. Vielleicht leben Sie gerade mit einem Partner, der Sie ununterbrochen mit allerlei Spielchen verunsichert. Oder Sie haben einen Chef, der Sie immer wieder in Angst und Schrecken stürzt, weil er Ihnen zu verstehen gibt, dass Ihr Posten durch jemand anderen ersetzt wird, falls Sie nicht spuren. Es kann auch sein, dass Ihr Mietvertrag nicht verlängert wird und Sie keine Ahnung haben, wo sich in Hinkunft Ihr sicheres Zuhause befindet. All das verunsichert Sie! Dennoch missachten Sie wahrscheinlich die Signale, verdrängen die aufkeimenden Unsicherheits-Gefühle und – gurten sich (symbolisch) weiterhin nicht an, anstatt Ihre Einstellung punkto Sicherheitsbedürfnis zu verändern. Jemand, der sich achtet, schätzt und mag, sorgt auch für seine Sicherheit! Beim Autofahren wie auch in allen anderen Lebensbereichen. Ein bisschen Risiko finde ich in Ordnung. Immerhin öffnen sich uns damit oft ungeahnte Chancen. NUR Risiko, dem Gesetz zum Trotz, halte ich für den gefährlichen Versuch einer selbst-unsicheren Person, auf sich aufmerksam zu machen. Nur funktioniert das nicht so. Wir können niemals von außen bekommen, was tief in uns drinnen fehlt. Geringe Selbstsicherheit ist ein inneres Manko, das wir zuerst auffüllen müssen, bevor wir von außen Bestätigung erhalten. Es ist immer dasselbe Prinzip: Wie innen – so außen!

Zusammenfassung

- Der Komfort der Innenausstattung Ihres Wagens entspricht dem aktuellen Stand Ihrer Selbstwertschätzung. Er ist eine Aussage darüber, was und wie viel Sie von Qualität in sämtlichen Lebensbereichen halten und wie viel Sie sich davon zugestehen.

- So komfortabel, bequem oder luxuriös Ihr derzeitiges Auto ist, so komfortabel, bequem oder luxuriös sind Sie auch im Beruf, in der Partnerschaft, im Wohnbereich usw. eingestellt. Ihr Wagen spiegelt Ihnen durch seinen Komfort, ob Sie sich entschieden haben, lieber ein glücklicher Adler zu sein, oder ein bescheidenes Huhn.

- Sämtliche Sicherheitsvorkehrungen an Ihrem Auto – Gurte, Airbags, Alarmanlagen, zusätzlicher Rostschutz, zusätzliche Front- oder Heckleuchten usw. – spiegeln Ihr Sicherheitsbedürfnis. Bitte überprüfen Sie, ob Sie für Ihre Sicherheit auch im Beruf, bei Ihrer Freizeitgestaltung und in der Partnerschaft gut sorgen!

- Wenn Sie justament Sicherheitsmaßnahmen ablehnen, sich grundsätzlich nie angurten oder bei Nebel die Schlussleuchte ausgeschaltet lassen, dann haben Sie ein entsprechendes Denkmuster, mit dem Sie sich Schaden zufügen, und zwar nicht nur beim Autofahren. Negative Denkstrukturen verwirklichen sich überall in Ihrem Leben. Wenn Sie denken „Es ist mir sowieso egal, was mit mir passiert“ oder „Risiko und Gefahr gehören zum Leben", dann wird es verständlich, warum Sie die Sicherheitseinrichtungen an Ihrem Wagen boykottieren, dann wird klarer, warum Sie kaum jemanden kennen, der sich um Sie sorgt, dann wird es logisch, wenn Sie sich auch im Beruf und in der Partnerschaft unvernünftigen Risiken aussetzen.

- Je nachdem, wie viel Komfort und Sicherheit Ihr derzeitiges Auto aufweist, können Sie daraus den Rückschluss ziehen, wie sehr Sie sich selbst schätzen und wie gut oder weniger gut Sie für sich selbst sorgen. Selbstsicherheit entsteht aus Selbstliebe. Es hat nichts mit Egoismus zu tun, wenn Sie das Bedürfnis Ihrer Seele nach Lebensqualität und Sicherheit achten und – befriedigen!

6. Baujahr

Ich möchte dieses Kapitel mit einem Beispiel beginnen. Analoges Denken ist nämlich leichter, als Sie glauben. Weil aber immer noch die Mehrheit unserer Mitmenschen denkt, das Schwierige und Komplizierte sei mehr wert als das Einfache, bin ich fest entschlossen, Sie vom Naheliegenden zu überzeugen. In Ihrem Auto können Sie immer nur das erblicken, was Ihrem Denken und Glauben entspricht. Und deshalb ist auch das Baujahr Ihres Wagens kein Zufall. Sie können daraus etwas über sich selbst erfahren. Bevor Sie den Text nach dem Beispiel lesen, versuchen Sie bitte, Herrn XY einzuschätzen und seine Gedanken zu erraten, aufgrund des Wagens, den er besitzt. Hermes Trimestrigos formulierte das Analogiegesetz so: Wie innen, so außen. Wie oben, so unten. Wie im Großen, so im Kleinen. Das bedeutet, dass sich innen in Ihrer Geisteshaltung dasselbe abspielt wie außen in der Realität. Oben, also in Ihrem Denken, befindet sich dasselbe wie unten, am Boden der Tatsachen. Im Großen finden die gleichen Prozesse statt, wie im Kleinen, zum Beispiel in einer Körperzelle. Alles geschieht nach derselben Gesetzmäßigkeit.

SIE wählen aufgrund Ihres Denkens und Glaubens,
welche Teile der Schöpfung in Ihrem Leben sichtbar werden.

Beispiel:
Der größte Stolz von Herrn XY ist ein roter MG, Baujahr 1952. Hingebungsvoll widmet er seine ganze Freizeit der Pflege seines Oldtimers. Selbstverständlich besitzt er eine eigene Garage dafür. Einmal im Jahr fährt er seinen Wagen spazieren, aber nur bei Sonnenschein. Schließlich möchte er sein Liebhaberstück keinem Unwetter aussetzen! Für Ersatzteile, die äußerst schwer zu beschaffen waren, hat Herr XY bereits ein Vermögen ausgegeben. Frau XY ist Gott sei Dank eine sehr bescheidene Frau.

Sie hat sich längst mit einer Monatskarte für öffentliche Verkehrsmittel abgefunden. Das Wochenende verbringt sie mit ihrer besten Freundin, während sich Herr XY stundenlang mit seinem MG unterhält. Dabei vergisst er alles andere rundherum und kann sich so richtig entspannen. Einmal haben die beiden sogar einen Preis gewonnen! Bei einer Nostalgie-Rallye in der Steiermark. Frau XY erinnert sich noch genau daran. Sie durfte einen ganzen Abend lang den wunderschönen Pokal Ihres Mannes bewundern.

Liebe Leserinnen und Leser, wovon ist Herr XY überzeugt? Wie denkt er und woran glaubt er? Anhand des Beispiels müsste es allmählich ein Kinderspiel für Sie sein, die Einstellung des Herrn XY zu formulieren. Das obige Beispiel ist

eine konkret gewordene Überzeugung,
ein Gleichnis und somit ein sichtbares Spiegelbild
der Geisteshaltung des Herrn XY.

Wenn Sie möchten, schließen Sie jetzt bitte das Buch, bevor Sie weiterlesen und schreiben Sie auf einen Zettel, was Ihnen dazu einfällt.

Entschlüsselung:
Auto = Selbst. Herr XY ist stolz auf sich selbst, insbesondere auf seine Außergewöhnlichkeit. Nur selten braucht er Bestätigung von seinen Mitmenschen. Es genügt Herrn XY, seine Besonderheit im Übermaß zu pflegen, allerdings am liebsten im stillen Kämmerlein. Der Aufrechterhaltung seines Images widmet er fast seine ganze Freizeit, koste es auch den hohen Preis einer liebevollen Partnerschaft. Herr XY stellt sich nur selbst in den Mittelpunkt der Aufmerksamkeit. „Ich bin das Wichtigste“ ist seine Überzeugung. Trotzdem lebt er seine Selbstüberzeugung

nicht wirklich produktiv aus. Seine Ich-Bezogenheit bescheidet sich auf „einmal im Jahr vor anderen glänzen". Herr XY lebt nicht wirklich im Hier und Jetzt. Seine gedankliche Welt ist auf Vergangenes programmiert, auf die „gute alte Zeit" oder so ähnlich. Deswegen bekommt er nicht mit, was um ihn herum vorgeht. Wir haben es mit einem Egozentriker zu tun, mit einem Eigenbrötler, dem jedes Mittel recht ist, der gegebenen Realität vor seinen Augen auszuweichen. Ich würde die Gedanken des Herrn XY etwa so formulieren: „Ich bin das Wichtigste von der Welt. Aber da draußen könnte mir etwas Böses geschehen. In meinen vier Wänden fühle ich mich sicher. Die Menschheit ist schlecht. Da muss man schon etwas Besonderes sein, um weiter existieren zu können. Früher war alles anders." Herr XY ist also im weitesten Sinn von der Schlechtigkeit der Welt überzeugt. Er glaubt, dass früher alles viel leichter und besser war. Kein Wunder, wenn er sich infolge dieser Gedanken hauptsächlich in seiner geschützten Garage aufhält. Durch übersteigertes Aufpolieren seines Images versucht er, seine Unsicherheit zu kompensieren. Gleichzeitiges Abschotten der gegebenen Tatsachen in seinem Umfeld (vernachlässigte Ehefrau) verstärkt den blinden Fleck des Herrn XY um ein Vielfaches.

Liebe Leserinnen und Leser, Sie wissen mittlerweile, dass sich der rote Faden unserer Glaubenssätze überall in unserem Leben zeigt! Wenn Sie möchten, schreiben Sie die momentane Lebenssituation des Herrn XY als Geschichte auf. In welcher beruflichen Situation könnte jemand sein, der so denkt, wie der Herr aus unserem Beispiel? Wie würde sein Freundeskreis aussehen, seine finanzielle Situation, seine Kleidung? Helfen Sie Ihrer Begabung zum analogen Denken auf die Sprünge! Jeder kann das erlernen, weil es im Grunde wirklich einfach ist. Vielleicht wollen Sie sogar ein Bild malen und Herrn XY einen Gesichtsausdruck verleihen, der seiner Einstellung entspricht.

Genauso wie alles andere in unserem Leben ist natürlich auch unser Aussehen ein präzises Spiegelbild unserer Geisteshaltung.

Das Baujahr Ihres Wagens und wann Sie diesen tatsächlich gekauft haben, sind auch Aussagen über Sie. Vielleicht ist Ihnen aufgefallen, dass Sie entweder allmählich oder sehr plötzlich Lust auf ein anderes Auto bekamen. Nicht nur deswegen, weil Ihr alter Wagen schon viele Mängel aufwies, sondern weil Sie das Gefühl hatten, dass er irgendwie nicht mehr zu Ihnen passt.

Ihre Sehnsucht nach einem neuen Auto
spiegelt immer nur Ihre Sehnsucht nach Selbstveränderung.
Und Ihr Entschluss, ein bestimmtes Auto zu kaufen,
entspricht dem Entschluss,
mit Ihrer Selbstverwandlung tatkräftig zu beginnen.

Ihr neuer Wagen entspricht Ihrem neuen Selbstbild. Und dieses neue Selbstbildnis, das Sie von sich gewinnen, spiegelt sich überall in Ihrem Leben – besonders in zwischenmenschlichen Beziehungen. Wenn Sie vor zehn Jahren einen giftgrünen Sportwagen kauften, in dem kaum Gepäck und nur zwei Personen Platz fanden, war das ein Spiegel Ihrer damaligen Einstellung: Sie wollten sich zu dem Zeitpunkt hauptsächlich auf sich selbst konzentrieren, maximal auf eine zweite Person, einen Freund oder eine Gefährtin (zwei Sitzplätze). Sie liebten Ihre Unabhängigkeit und Ihr Freiheitsgefühl, wollten sich auf keinen Fall mit Ihren Problemen befassen (winziger Kofferraum) oder Mit-Verantwortung für andere Personen übernehmen (Transport mehrerer Personen unmöglich). Im Beruf und in der Liebe möglichst schnell ans Ziel zu kommen (hohe PS-Anzahl) und in der Menge aufzufallen (giftgrüner Sportwagen), war Ihnen damals besonders wichtig. Das Baujahr beziehungsweise Kaufdatum Ihres Autos entsprach also exakt Ihren Überzeugungen. Der giftgrüne Sportwagen spiegelte ganz genau jene Gedanken, die zu dem Zeitpunkt besonders aktuell waren. Das bedeutet aber nicht, dass Ihre Glaubenssätze nach zehn Jahren noch genauso für Sie stimmen müssen. Der Wunsch nach einem neuen Auto ist immer nur die natürliche Folge Ihrer fortschreitenden Selbstwerdung. Ich erzähle Ihnen ein Beispiel aus meinem Leben.

Beispiel:
Ich war Mitte Dreißig, als mir mein Vater vorschlug, ein fabriksneues Auto zu kaufen. Vorher hatte mein Geld nie gereicht für einen funkelnagelneuen Wagen. Auf die Idee, mir selbst ein Modell auszusuchen, kam ich damals noch nicht. Also bestimmte mein Vater, dass der ideale Wagen für mich ein roter Fiat-Panda 34 sein müsse. Ehrlich gestanden, gefiel mir weder die rote Farbe noch die eckige Billig-Karosserie. Der Sicherheitsfaktor war mir auch zu gering. Trotzdem willigte ich ein, das Modell zu kaufen. Es war sieben Jahre lang in meinem Besitz. Seinen Nachfolger habe ich schon in einem früheren Kapitel erwähnt, meinen heiß geliebten, silbergrauen Swifti.

Entschlüsselung:
Ich war Mitte 30, als mir mein Vater vorschlug, ein neues Auto (= ein neues Selbst) zu kaufen. Von alleine kam ich nicht auf die Idee, dass ich mir ein neues Bild von mir selbst machen muss. Ich wollte offensichtlich noch länger so bleiben, wie ich war: nicht abgenabelt vom Einfluss meines Vaters. Ich übersah meinen eigenen blinden Fleck: Eine Veränderung meiner Persönlichkeit war dringend angesagt! Ich hatte damals noch wenig Gespür für mich selbst. Zu sehr beschäftigten mich meine zwei Hauptrollen: Mutter und Lehrerin. In vielen Punkten schloss

ich mich lieber der Meinung anderer Personen an, als mir meine eigene zu bilden. Ich akzeptierte lieber ein Selbst (= Auto), das nicht (!) zu mir (Fiat Panda 34) passte, als zu widersprechen. Die anderen waren mir immer wichtiger als ich mir selbst und deshalb fügte ich mich oft und oft deren Vorschlägen, ohne auf meine Bedürfnisse zu achten.

Der analoge Zusammenhang zwischen dem Kauf des ungeliebten Fiat-Panda und dem damaligen Stand meiner Selbstwerdung ist offensichtlich: Mein Innerstes war zwar schon reif für einen Richtungswechsel punkto Persönlichkeitsveränderung (Kauf eines fabriksneuen Wagens), nur übersah ich dabei das Allerwichtigste:

Dass nur ICH SELBST wähle,
was gut für mich ist und was nicht.

Ich übersah die größte Verpflichtung, die wir als Menschen haben: Die Verantwortung uns selbst gegenüber. Und deswegen war ich mit dem Panda (langsam, dürftige Innenausstattung, rostfreudig, kantig) nie wirklich glücklich. Er entsprach nicht meinem wirklichen Wesen, das ich als Dreißigjährige noch suchte.

Aus dem Baujahr Ihres Wagens wie auch aus dem Kaufdatum können Sie demnach folgenden Schluss ziehen:

→ Das Baujahr entspricht dem Zeitpunkt einer notwendig gewordenen Veränderung Ihrer Persönlichkeitsstruktur.

→ Das Kaufdatum entspricht dem Zeitpunkt, wo Sie Ihre Selbstverwandlung tatsächlich zu leben beginnen.

Wir schreiben derzeit das Jahr 2010. Wenn Sie heute zum Beispiel ein weißer BMW, Baujahr 2005, fasziniert, den Sie scheinbar zufällig irgendwo bei einem Autohändler erblicken, könnten Sie daraus Folgendes erkennen:

Irgendein bestimmter Wesenszug wartet seit fünf Jahren darauf, dass Sie ihn zum Leben erwecken. Um herauszufinden, welcher das sein könnte, müssten Sie den BMW bloß genauer ansehen. Denn er spiegelt Ihnen genau jene Eigenschaften, die Sie schon seit fünf Jahren entwickeln wollen. Ohne besonders ins Detail zu gehen, würde ich sagen, sie möchten eine strahlende (weiß), dynamisch-rasante (hohe PS-Anzahl), gesellige (Platz für 5 Leute) Person sein, die gerne möglichst schnell ans Ziel gelangt (im Beruf, in der Liebe oder sonstwo). Wenn Sie nun den BMW als Gebrauchtwagen drei Jahre später kaufen, können Sie sicher sein, dass Sie die Veränderung Ihrer Persönlichkeit in den vorher beschriebenen Eigenschaften in die Wege geleitet haben. Sie beginnen unbewusst jene Verhaltensweisen hervorzukehren, die Sie Ihrem BMW zuschreiben.

Bleibt noch die Frage offen, warum Baujahr und Kaufdatum nicht immer übereinstimmen. Halt! Ihren Einwand – Sie hätten kein Geld für ein neues Auto, kann ich nicht gelten lassen. Es ist nämlich genau umgekehrt. WEIL Sie bis jetzt nicht bereit waren, entsprechende Veränderungen in Ihrer Geisteshaltung vorzunehmen, haben Sie kein Geld für einen neuen Wagen. Die Tatsache „Kein Geld“ ist die Folge eines dementsprechenden Gedankens. Wenn Sie glauben, dass ein neues Auto für Sie sowieso nie in Frage kommt, dann ist es so. Also müssten Sie zuerst Ihre Überzeugung „Ich bin mir keinen neuen Wagen wert“ aufgeben. Dazu empfehle ich die Übung in vier Schritten, siehe letztes Kapitel.

Ich sehe den Zusammenhang zwischen dem Baujahr eines Autos und wann es tatsächlich von einem Kunden gekauft wird, so:

Das Baujahr ist das Jahr, in dem das neue, vollkommenere Selbst des Käufers reif genug zur Verwirklichung wäre.

Das Kaufdatum ist der Zeitpunkt, wo der Käufer tatsächlich beginnt, sein neues Selbstbildnis zu leben.

Dazwischen liegen Blockierungen, negative Denkmuster und destruktive Glaubenssätze, die allesamt verhindern, dass das neue Selbst schon früher (Kaufdatum und Baujahr stimmen überein) in Erscheinung tritt.

An dieser Stelle möchte ich Sie ermuntern, nicht alles fraglos zu glauben, was Sie in diesem Buch finden. Es liegt nicht in meiner Absicht, Sie vom Wirken des Spiegelgesetzes zu überzeugen. Ich biete Ihnen nur eine von vielen Möglichkeiten an, Selbsterkenntnis auf sehr einfache Art und Weise zu praktizieren und infolgedessen Veränderungen in Ihrer Geisteshaltung vorzunehmen.

Das, was Sie an Ihrem Wagen lieben und schätzen, das lieben und schätzen Sie auch an sich selbst. Alles andere, das Ihnen nicht gefällt und das Sie somit an Ihrem Auto ablehnen, das mögen Sie auch an sich selbst nicht.

Wenn Sie sich zum Beispiel darüber aufregen, dass Ihr Wagen zu viel Sprit verbraucht, kann Ihnen das folgende Selbsterkenntnis bescheren:

ICH rege mich über mich selbst auf, weil ICH zu viel Energie verbrauche, um in einem bestimmten Lebensbereich (welcher ist das?) vorwärtszukommen. Anstatt sich nur darüber zu ärgern, könnten Sie etwas Produktiveres tun. Sie könnten sich in Ihrem Leben umschauen und herausfinden, welcher Punkt das ist, der Sie zu viel Energie kostet – und Ihre Einstellung verändern. Zum Beispiel: „Ich komme ganz leicht ans Ziel" oder „Der Lebensstrom trägt mich mühelos zum Ziel".

Zusammenfassung

- Aus dem Baujahr Ihres Autos können Sie den Zeitpunkt einer notwendig gewordenen Wesensveränderung erkennen.
- Das Kaufdatum entspricht dem Zeitpunkt, wo Sie Ihr verwandeltes Wesen tatsächlich zu leben beginnen.
- Der Zeitraum zwischen Baujahr und Kaufdatum entspricht der Zeitspanne Ihrer unbewussten Weigerung, umzudenken, und ein neues Selbstbildnis hervortreten zu lassen.

7. Abstellplatz

Liebe Leserinnen und Leser, sollte Ihnen das analoge Denken (= Denken in Entsprechungen) in den ersten Kapiteln immer noch schwer gefallen sein, wird Ihnen in diesem Abschnitt garantiert ein Licht aufgehen. Der „Parkplatz“ ist sehr leicht zu deuten.

Wo Ihr Wagen abgestellt ist, wenn Sie nicht gerade irgendwo unterwegs sind, ist eine Aussage darüber, wie nahe Sie sich selbst sind. Wenn Sie jedes Mal vor Ihrem Wohnhaus keinen Parkplatz finden und Runde um Runde drehen müssen, bis Sie endlich Kilometer entfernt eine Lücke entdecken, können Sie daraus folgenden Schluss ziehen: In irgendeinem bestimmten Punkt meines Wesens habe ich mich weit von mir selbst entfernt.

Je länger der Weg ist zwischen Ihrem Zuhause und Ihrem Parkplatz, desto weiter weg sind Sie von Ihrem innersten Wesen.

In die Praxis übersetzt würde ich das so formulieren: In einem ganz bestimmten Punkt leben Sie nach außen hin eine Rolle, die Sie aber nur scheinbar zu einer Persönlichkeit macht. Ihr wirkliches Wesen ist ganz anders. Trotzdem zeigen Sie wenig oder gar nichts davon. Die von Ihnen gelebte Rolle dominiert. Vielleicht benehmen Sie sich in Ihrer Partnerschaft immer noch wie ein kleines Kind, das sich vor der Reaktion seiner Eltern fürchtet (Rolle: Anpassung um jeden Preis, damit Sie geliebt werden). Oder Sie spielen Ihrem Vorgesetzten den tüchtigen Übermenschen vor, der sich noch und noch Arbeit aufpelzen lässt, ohne zu murren (Rolle: Belastung und Stress führt zu Anerkennung). In Wirklichkeit würden Sie gerne mal mit der Faust auf den Tisch schlagen, sowohl in Ihrer Partnerschaft wie auch an Ihrem Arbeitsplatz. Ungelebte, vernachlässigte Wesenszüge wehren sich und drängen an die Oberfläche – damit Sie endlich SIE SELBST sind und Ihr Rollenverhalten aufgeben. All das können Sie im Spiegel Ihres Autos erblicken, wenn Sie immer wieder erleben, dass Sie nur weit weg von Ihrer Haustür einen Parkplatz vorfinden.

Stopp, ich kann Ihre Einwände beinahe hören: „In unserer Gegend ist es unmöglich, einen Parkplatz zu finden“ oder „Bei dem Auto-Boom ist es kein Wunder“ oder „Das glaube ich nicht, das ist unmöglich“. Ihre Bedenken sind berechtigt. Nur funktioniert das Ganze umgekehrt. Weil Sie nicht immer Sie selbst sind und wichtige Ausdrucksformen Ihres Wesens vernachlässigen, spiegelt Ihnen Ihr Auto (= Selbst) die Diskrepanz, die Entfernung zwischen Ihrem Wohnhaus (= entspricht dem Standort Ihrer Persönlichkeit) und Ihrem Auto (= entspricht Ihrem wirklichen Selbst). Würden Sie immer und überall vollkommen Sie selbst sein, dann wäre vor Ihrer Wohnung jedes Mal ein Parkplatz frei, wenn Sie nach Hause kommen. Um einem Missverständnis vorzubeugen, finde ich es jetzt passend, den Begriff „Selbst“ zu interpretieren.

Sie sind dann Sie selbst, wenn Sie Entscheidungen mit einem guten Gefühl treffen und danach handeln. Unabhängig davon, ob andere das richtig finden oder nicht. Sie sind dann Sie selbst, wenn Sie Ihrer Intuition vertrauen und wenn Sie Ihren ganz persönlichen Weg zu einem x-beliebigen Ziel einhalten. Ausschlaggebend, um Sie selbst zu sein, ist nicht der Grad Ihrer Persönlichkeitsentwicklung („Ich bin schon viel weiter als du. Schließlich habe ich fünf Seminare besucht und dreiundzwanzig Bücher gelesen“), sondern Ihre Fähigkeit, sich ehrlich zu Ihrem derzeitigen So-Sein zu bekennen und dieses auch zu äußern. Sie sind viel mehr

Sie selbst, wenn Sie Ihren Wutausbruch oder Ihre Tränen zeigen, anstatt den weisen Abgeklärten jenseits aller Emotionen hervorzukehren, der Sie in Wirklichkeit noch gar nicht sind. Der Ausdruck „wahres Selbst" ist vielschichtig. Unser wahres Selbst ist identisch mit Gott, mit reiner, bedingungsloser Liebe. Bis wir aber so weit sind, reine, bedingungslose Liebe zu schenken und zu empfangen, müssen wir uns stets darum bemühen, offen und ehrlich so zu sein, wie wir eben jetzt gerade sind. Wir müssen danach streben, die Unwichtigkeit unseres Images und unserer Rollenspiele zu durchschauen. Und dafür halte ich das Auto als Spiegelbild unserer Überzeugungen für bestens geeignet. Ich bin mein Auto, weil ich in meinem Wagen immer nur das erblicken kann, was ich denke und glaube. Jemand anderer würde mein Auto ganz anders sehen! Wenn für Sie ein Mercedes das Non plus Ultra ist, bestätigt das bloß Ihren Glauben und somit auch Ihre Denkweise punkto Komfort, Sicherheit, Kraftstoffverbrauch, Service usw. Daraus können Sie generell folgern, dass Sie auch in sämtlichen anderen Lebensbereichen diese Einstellung haben und daher Werte bevorzugen, die Sie Ihrem Mercedes zuschreiben. Wenn Ihr Nachbar kein gutes Haar an Ihrem Mercedes lässt und meckert, dass so ein Wagen viel zu groß für die Stadt ist, er zu teuer kommt, er ein reines Prestige-Fahrzeug ist oder dass der dunkelgrüne Lack zu leicht verschmutzt, dann bestätigt das bloß seinen Glauben und somit seine Geisteshaltung. Dieses Beispiel sollte aufzeigen, was ich in diesem Buch noch öfter wiederholen werde: Ihr Auto spiegelt immer nur SIE. Es ist IHRE Geistesverfassung. Es sind IHRE bewussten und unbewussten Gedanken, es sind IHRE Überzeugungen, die Sie da erblicken. Schauen Sie also hin!

Ob Sie Ihr Auto im Freien, unter einem Dach oder in einer Garage parken, halte ich für besonders aufschlussreich, weil sich dahinter wiederum eine spirituelle Botschaft verbirgt. Ich erzähle Ihnen dazu ein Beispiel aus meinem eigenen Leben:

Beispiel:
Seit drei Jahren besitze ich einen eigenen Garagenplatz im Souterrain meines Wohnhauses. Diese Tatsache beschert mir ein sicheres, wohliges Gefühl. Vorher parkten meine Autos immer im Freien, bis auf die Wochenenden und Sommerferien, denn da konnte ich mir die Stelzenbauweise meines Knusperhäuschens auf dem Land zunutze machen. Mein Auto stand dann „unter" meinem Haus. Zwar vor Regen geschützt, aber dennoch dem Wind ausgesetzt. Während der Woche fand ich vor meinem Wohnhaus in Wien fast nie einen Parkplatz und war somit gezwungen, oft spät abends eine längere Strecke in finsterer Pratergegend zurückzulegen. Angst hatte ich nie. Eher Gefühle des Verirrt-Seins und der Heimatlosigkeit.

Entschlüsselung:
Spiegelbilder auf direkte, unkomplizierte Weise zu übersetzen.

Wie schon erwähnt, brauchen Sie dazu keine spezielle Vorbildung, sondern nur die Bereitschaft, gegebene Tatsachen auf Ihre Geisteshaltung umzumünzen. Ich möchte mit meinem Beispiel noch eine Schicht tiefer gehen und Ihnen meine damalige Lebenssituation schildern, die mir der fehlende Parkplatz vor meinem Haus so deutlich vor Augen führte.

Ich wohnte damals in der früheren Wohnung meiner Eltern, also dort, wo ich aufgewachsen war. Wenn ich heute daran denke, wird mir umso mehr bewusst, dass diese Wohnung nie wirklich meine war. Wie hätte es dann sein können, ausgerechnet dort Platz für mein innerstes, wahres Selbst vorzufinden? Tatsächlich war mein damaliges Leben ausgefüllt mit Erziehungspflichten als alleinerziehende Mutter und meinem Beruf als Lehrerin. Es war mir zu dieser Zeit überhaupt nicht klar, wie viele Aspekte meines wahren Selbst im Schatten meiner beiden

Hauptrollen dahinvegetierten. Meine weibliche Seite, mein Frau-Sein, litt am meisten darunter. Kunterbunte Einflüsse in Form von Ratschlägen, Meinungen und Vorschriften strömten tagtäglich in Hülle und Fülle auf mich ein. Dazu kamen zeitweise Existenzsorgen und Verlassenheitsängste. Ich fühlte mich manchmal wie der einzige Mensch auf der ganzen Welt.

Warum ich Ihnen das alles erzähle? Weil ich damit den analogen Zusammenhang zwischen dem Parkplatz meines Autos und meiner damaligen Lebenssituation veranschaulichen wollte. So weit weg ich von mir selbst war, so weit weg parkte mein Wagen. Weil ich mir über vieles von mir selbst im Unklaren war, spiegelte mir mein Auto genau das, indem es meistens weit weg von meinem Wohnhaus stand und schonungslos der Witterung ausgesetzt war. Nur in den Ferien spürte ich mich selbst besser, weil ich in meinem Garten mein dringendes Bedürfnis nach Stille und Erholung befriedigen konnte. Analog dazu stand mein Auto halbwegs geschützt unter einem Dach.

Alles Äußere entspricht Ihrem Inneren, ob Sie das glauben wollen oder nicht. Vielleicht kann ich Ihnen ein wenig auf die Sprünge helfen. Wenn es so ist, dass Sie Ereignisse, Personen und Zufälle heranziehen, die Ihrer Geisteshaltung entsprechen, dann müsste es ja auch möglich sein, dass Ihnen eine Garage zufliegt. Das gibt es nicht, denken Sie? Leider muss ich Ihnen widersprechen. Mein Garagenplatz, von dem ich zu Beginn sprach, flog mir tatsächlich zu. Ich hab mich weder dafür engagiert noch darum bemüht. Mir wurde der Garagenplatz geschenkt, wie auch die Wohnung dazu, von jemandem, den ich nur einmal zuvor gesehen hatte.

Wenn Sie zur Zeit für Ihren Wagen eine eigene Garage besitzen, könnten Sie also schlussfolgern, dass Sie mit Ihrem Innersten ziemlich im Einklang stehen. Zumindest sind Sie imstande, sich selbst von Fremdeinflüssen abzuschirmen und für notwendige Erholungsphasen zu sorgen, ohne dass ständig irgendetwas auf Sie einströmt. Die eigene Garage spiegelt Ihnen analog jenen Ort der Ruhe, nachdem sich Ihr Innerstes nach vollendeter Arbeit sehnt. Müssen Sie derzeit auf einen Garagenplatz verzichten, empfehle ich Ihnen, bewusst auf ein ausgewogenes Wechselspiel zwischen aktivem Tun und Ausruhen zu achten. Wenn Sie das bereits beherrschen, aber trotzdem kein Garagenplatz in Sichtweite ist, können Sie sich ein paar Fragen stellen: „Wie denke ich über Garagen? Bin ich mir überhaupt eine eigene Garage wert? Mache ich mich etwa darüber lustig? Spiele ich meinen Wunsch nach einer Garage herunter und schmälere damit seine Glaubwürdigkeit?" Jede Form von Energie trägt die Tendenz zur Verwirklichung in sich.

Wo Liebesenergie dahintersteht,
das manifestiert sich besonders rasch
und augenscheinlich in Ihrem Leben.

Es wäre daher ziemlich unklug, Ihre Sehnsucht nach einer eigenen Garage als Hirngespinst abzutun. Sie würden sich damit als denkenden Schöpfer nicht ernst nehmen und außerdem Ihr Wertgefühl beschneiden. Das gilt übrigens für all Ihre Träume, Wünsche und Sehnsüchte. Machen Sie keine Witze darüber oder ironische Bemerkungen. Widersprechen Sie sich nicht. Sagen Sie nicht: „Ich wünsche mir einen Lebenspartner, nur geht's mir eigentlich alleine besser." Sagen Sie nicht: „Mein schönster Traum ist ein eigenes Haus, nur werde ich mir nie eines leisten können." Sagen Sie nicht: „Wie gerne hätte ich eine Garage, nur bin ich leider kein Glückspilz."

Zusammenfassung

- Ob Sie nahe bei Ihrem Haus einen Parkplatz vorfinden oder nicht, ist eine Aussage darüber, wie nahe oder ferne Sie sich selbst sind. Die Entfernung von Ihrem Autoabstellplatz bis zu Ihrer Wohnung entspricht der Entfernung Ihres wahren Selbst zu Ihrer momentan dominierenden Persönlichkeitsrolle.

- Je weiter weg die Parklücke ist, desto weiter weg haben Sie sich zum aktuell gegebenen Zeitpunkt in irgendeinem bestimmten Bereich Ihres Lebens von Ihrem innersten Wesen entfernt.

- Eine eigene Garage spiegelt Ihnen in zwei Punkten Einklang mit Ihrem Selbst. Sie sind imstande, sich von störenden Einflüssen (z. B. fremdes Gedankengut, Klatsch, Ratschläge) abzuschirmen sowie ein ausgewogenes Wechselspiel zwischen aktivem Tun und Erholung einzuhalten.

- Wo immer Sie Ihr Auto abstellen, ist es ein Spiegelbild Ihrer Einstellung zu sich selbst. Es ist ein Unterschied, ob Sie Ihren Wagen unter einem schattigen Baum parken oder auf einer frequentierten Geschäftsstraße. Jedenfalls sollten Sie ein wohliges Gefühl haben, bevor Sie Ihr Auto für kürzere oder längere Zeit verlassen.

8. Pflege und Service

Wie oft waschen Sie Ihr Auto? Tun Sie das selbst oder fahren Sie lieber in einen Waschtunnel? Sorgen Sie für ein regelmäßiges Service? Fällt Ihnen das von selbst ein oder macht Sie jemand darauf aufmerksam? Ist es Ihnen schon passiert, dass Sie auf das notwendige Service völlig vergaßen? Liebe Leserinnen und Leser, mit diesen Fragen will ich keinesfalls kontrollieren, ob Sie Ihr Auto genügend pflegen und warten.

Ich will Sie vielmehr dafür hellhörig machen,
welche Einstellung Sie zu sich selbst haben,
wenn Sie Ihren Wagen im Dreck verkommen lassen.

Alles Sichtbare in Ihrem Leben ist immer nur ein Gleichnis, das aufzeigt, wie Sie mit sich selbst umgehen: liebevoll oder lieblos. Natürlich gibt es dazwischen eine ganze Palette von Abstufungen. Aufpassen müssen Sie nur, bevor Sie die Grenze zur Lieblosigkeit überschreiten. Jemand, der sein Auto tagtäglich benützt, es aber nur einmal im Jahr wäscht und poliert, treibt meiner Ansicht nach auch Schindluder mit sich selbst, in irgendeinem anderen Bereich seines Lebens. Er schenkt sich selbst zu wenig Liebe und Aufmerksamkeit, vernachlässigt seine Bedürfnisse. Warum ich das behaupte? Weil mir bewusst ist,

dass wir mit Dingen, Tieren, Pflanzen, Personen
und auch mit unserem Auto genauso umgehen,
wie wir mit uns selbst umgehen.

Die Überzeugung einer Person, die ihrem Auto weder ein Service noch Pflege zubilligt, könnte etwa lauten: „Kein Hund kümmert sich um mich.“ Glaubenssätze werden zu entsprechenden Tatsachen. Sie verwirklichen sich im Leben besagter

Person auf vielerlei Weise. Zum Beispiel auch als verwahrlostes, halb kaputtes Auto, das dringend ein Service benötigen würde, um wieder voll funktionstüchtig zu sein. Im Spiegel seines schmutzigen Wagens kann der Besitzer seine eigene, innere „Verwahrlosung" erkennen. Er kann sehen, dass er sich selbst genauso vernachlässigt wie seinen Wagen, und innehalten, um infolgedessen herauszufinden, welche Bedürfnisse es sind, die derzeit sehnsüchtig auf Sättigung warten.

Manche Leute benützen Ihren Wagen als Müllabladeplatz. Da türmen sich leere Flaschen, Papiertüten, Zigarettenschachteln und gebrauchte Parkscheine, auch alte Schuhe, Decken, Plakate und was es sonst noch alles gibt, das eigentlich entsorgt werden sollte. Das Herausfinden der Denkweise des Besitzers eines solchen Müll-PKWs fällt Ihnen bestimmt schon leicht, nicht wahr?

So wie es im Innenraum des Autos aussieht,
sieht es zur Zeit im (Unter-)Bewusstsein des Wagenbesitzers aus.

Da gibt es alte Geschichten, die noch immer bohren, da gibt es Gedanken der Unversöhnlichkeit, die aufzulösen wären, da befindet sich geistiger Müll in Form von destruktiven Gedanken, mit denen sich der Besitzer quält und schadet. Wenn Sie sich zu jenen Personen zählen müssen, deren Autos buchstäblich überquellen, weil so viel Gerümpel herumliegt, dann wäre eine Innenreinigung Ihres Wagens genauso notwendig wie ein geistiger Hausputz. Darunter verstehe ich, dass Sie sich noch einmal gründlich mit Ihrer Vergangenheit auseinandersetzen sollten. Gibt es Personen, denen Sie wegen einer alten Geschichte noch immer grollen? Wenn ja, vergeben Sie und lassen Sie Ihren Vergangenheitsmüll ein für alle Mal dort, wo er hingehört, denn Sie verderben sich immer nur selbst die Lust des gegenwärtigen Augenblicks, wenn Sie Ihre Wut oder Ihren Liebeskummer von früher jeden Tag aufs Neue aufwärmen!

Alle unnötigen Gegenstände, die in Ihrem Auto herumkugeln, sind analoge Spiegelbilder jenes Gedankenballastes,

der den Ausdruck Ihres wahren Wesen umschattet, verschleiert oder bremst. Die Skeptiker unter meinen Leserinnen und Lesern würden dieses Buch jetzt am liebsten zuschlagen, oder? Dennoch ist es wahr, dass alles rundherum immer nur Sie spiegelt. Es ist Ihre Geistesstruktur, die in Ihrem Leben Gestalt annimmt, es sind Ihre Gedanken, Ihre Glaubenssätze und Ihre tiefsten Überzeugungen, die sich in dementsprechenden Tatsachen verwirklichen. Ich weiß, ich wiederhole mich. Aus dem einzigen Grund, dass Ihnen klar wird, womit Sie Ihr Leben wirklich verändern können. Schauen Sie sich um. Alles, was Ihnen auffällt, sind Sie. Sagen Sie ja dazu, akzeptieren Sie das Vorhandene, weil Sie es ja waren, der es herbeigeschafft hat. Erfreuen Sie sich an den schönen Dingen, die Sie zuwege brachten. Das Unangenehme müssen Sie jedoch auf keinen Fall bis an Ihr Lebensende beibehalten, das wäre ziemlich töricht. Stöbern Sie jene Gedanken auf, die das Unerfreuliche in Ihrem Leben verursachen, und hören Sie damit auf, diese Gedanken ständig zu wiederholen. Zusätzlich können Sie jetzt gleich die geistige Ursache für erfreuliche Tatsachen schaffen. Denken Sie liebe-voll!

Zurück zum Service Ihres Autos. Jemand, der seinem Wagen kein regelmäßiges Service gönnt, vergisst das „Service" vermutlich auch bei sich selbst. Nun, wie ist das zu verstehen? Sie tun sich leichter, wenn Sie nachvollziehen, was bei einem üblichen Autoservice geschieht: Das verbrauchte Öl wird durch frisches ersetzt. Ventile, Dichtungen, Scheinwerfer, Bremslichter werden kontrolliert und bei Bedarf ausgetauscht. In Österreich ist einmal im Jahr eine Prüfung der elektrischen Anlage, der Reifen und der Bremsen vorgeschrieben, damit man das sogenannte „Pickerl" bekommt. Dieser kleine Aufkleber auf der Windschutzscheibe bezeugt die Verkehrstüchtigkeit des Wagens für ein weiteres Jahr. Im Normalfall sind es keine großen Reparaturen, die bei einem Service anfallen. Es sind vielmehr Kontrollarbeiten, ob Ihr Auto nach 10.000 gefahrenen Kilometern bzw. nach einem Jahr noch immer reibungslos funktioniert.

Regelmäßige Überprüfung, Kontrolle und Pflege
braucht aber nicht nur Ihr Wagen,
sondern auch Ihre Geisteshaltung.

Genauso wie der Mechaniker regelmäßig Ihr Auto durchcheckt, können Sie es schaffen, regelmäßig Ihre seelisch-geistige Verfassung zu überprüfen und in Ordnung zu bringen. Oft sind es scheinbar nebensächliche Gedanken, die uns täglich durch den Kopf schwirren. Und dann wundern wir uns, wenn Frau Pospischil vom Nebenhaus unseren Gruß nicht erwidert und wegschaut! Sie können Ihr geistiges Service jederzeit vornehmen, am besten wirksam finde ich es abends vor dem Einschlafen. „Wie war mein heutiger Tag? Wie habe ich mich gefühlt und was alles habe ich erlebt?" Solche und ähnliche Fragen helfen Ihnen auf die Sprünge, Ihre Gedanken zu artikulieren. Waren es negative, ist jetzt der beste Zeitpunkt, ein Service vorzunehmen. Machen Sie sich bewusst, dass Ihnen jeder negative Gedanke ein negatives Erlebnis beschert und dass SIE der/diejenige sind, der/die das wieder in Ordnung bringen kann, und zwar jetzt an Ort und Stelle, indem Sie sich in der heute erlebten „negativen" Geschichte anders, freundlich, liebevoll, gelassen, selbstsicher, positiv, agieren sehen. Sie tun damit dasselbe wie der Techniker mit Ihrem Wagen: Ein paar abgenützte Teile auswechseln, noch bevor sie zu einem größeren Schaden führen.

Sollte noch immer jemand daran zweifeln, was unser Denken mit dem Zustand unserer Autos zu tun hat, hoffe ich, diese Zweifel mit Ihnen gemeinsam in der folgenden Zusammenfassung aus dem Weg räumen zu können.

Zusammenfassung

- So viel oder so wenig Sie Ihr Auto pflegen, so viel oder so wenig pflegen Sie sich selbst. Damit meine ich nicht die tägliche Körperreinigung, sondern Ihre seelisch-geistige Verfassung. Ein sauberer Wagen ist das Spiegelbild einer klaren Seele.

- Wenn Sie Ihren Wagen außen regelmäßig waschen, aber auf eine Innenreinigung pfeifen, ist das auch ein Spiegelbild von Ihnen. Genauso wie Ihr Auto nur nach außen hin glänzt, genügt es Ihnen, wenn Ihre Erscheinung nach außen hin gut wirkt. Mit Ihrem inneren Durcheinander wollen Sie am liebsten nichts zu tun haben.

- Es ist ein Zeichen von Selbstwertschätzung, wenn Sie Ihrem Auto nach zigtausend gefahrenen Kilometern ein Service gönnen. Warum? Weil Sie genauso mit sich selbst umgehen, wie Sie das mit Ihrem Wagen tun.

- Vergessen Sie jedes Mal auf das notwendige Service, dann vergessen Sie genauso auf das Service Ihrer seelisch-geistigen Verfassung. Ihr verwahrlostes Auto spiegelt bloß Ihre eigene innere Verwahrlosung. Es zeigt Ihnen klipp und klar, was mit IHNEN los ist, auch wenn Sie bewusst keine Ahnung davon haben.

- Gehen Sie mit Ihrem Auto liebevoll um! Denken Sie nicht, es sei bloß eine Anhäufung von Blech, Kabeln und Lampen. Das stimmt nur, wenn Sie das Spiegelgesetz nicht anwenden.

- Was Sie an Ihrem Wagen bemerken, was Sie stört und was Sie besonders schätzen, ist das, was Sie an sich selbst als störend empfinden und was Sie an sich selbst besonders schätzen. Und deshalb ist Ihr Auto keineswegs nur eine Blechmaschine, sondern das Spiegelbild Ihrer Einstellung zu sich selbst.

9. Was ist nicht in Ordnung?

Batterie

Selbst wenn Sie ein neues Auto besitzen, ist es eine logische Folge von Abnützung, wenn Sie nach geraumer Zeit eine neue Batterie brauchen. Es ist also nichts Ungewöhnliches, sondern völlig normal. Worauf ich Sie aufmerksam machen möchte, ist bloß

der Zeitpunkt, wann genau die Batterie
Ihres PKWs ihren Geist aufgibt.

Natürlich können Sie jetzt einwenden, dass eine kaputte Batterie auf keinen Fall etwas mit Ihnen zu tun haben kann, weil eben die Lebensdauer einer Batterie auf eine bestimmte Zeitspanne begrenzt ist. Das stimmt. Wenn Sie jedoch bereit sind, alle Geschehnisse in Ihrem Leben als Spiegelbilder Ihrer Geistes- und Gemütsverfassung zu betrachten, bekommt die leere Batterie Ihres Autos eine *zusätzliche* Bedeutung.

So wie eine funktionstüchtige, voll aufgeladene Autobatterie dafür sorgt, dass Sie Ihren Wagen starten können, die Innenbeleuchtung brennt, Sie die Scheinwerfer aufdrehen und Ihr Autoradio benützen können, ohne gleich loszufahren, sorgen Ihre „energiegeladenen" Gedanken dafür, dass Sie sich wohl fühlen und Ihr Leben so funktioniert, wie Sie sich das von ganzem Herzen wünschen. Eine unbrauchbar gewordene Batterie ist ein Gleichnis dafür, dass Sie inmitten eines geistigen Verwandlungsprozesses stecken. Sie sind im Begriff, alte Überzeugungen aufzugeben, die Ihnen bis jetzt wenig Glück brachten. So wie irgendwann in einer Batterie kein Saft mehr vorhanden ist, um das Auto in Bewegung zu setzen, so ist derzeit in Ihrer Geisteshaltung kaum Energie mehr, die Sie benötigen, um Ihren Alltag mühelos und fröhlich zu meistern. Sämtliche Reserven wurden aufgebraucht.

Das bedeutet: Sie erkennen, dass Sie in gewissen Punkten (welche?) mit Ihrer bisherigen Einstellung nicht mehr weiter kommen. Genau zu dem Zeitpunkt, wo Sie eine neue Autobatterie brauchen, ist in irgendeinem Bereich Ihres Lebens (Partnerschaft, Freizeitgestaltung, Freundeskreis ...) ein Umdenken angesagt. Die leere Batterie Ihres Wagens spiegelt Ihnen, was auch Sie im analogen Sinn brauchen, um in einer bestimmten Angelegenheit (Wann und mit wem fühle ich mich leer und ausgelaugt? Wo fehlt mir Power?) auf neue Art und Weise in Bewegung zu kommen: Neue Energie!

Liebe Leserinnen und Leser, Sie wissen mittlerweile schon, dass Ihr Tun von dem kommt, was Sie denken. Wenn Ihnen also irgendwo der Antrieb zum Handeln fehlt, wenn Sie sich zu einer bestimmten Tat einfach nicht aufraffen (= starten) können, wenn Sie sich häufig leer und ausgelaugt fühlen und Sie das ändern (!) wollen, dann müssen Sie sämtliche Überzeugungen aufgeben, die Ihre Lustlosigkeit verursachen. Gefühle sind immer die Folge von Gedanken. Ein Gefühl der Lustlosigkeit kann also nur dann entstehen, wenn Sie dementsprechende Gedanken denken, wie zum Beispiel: „Das schaffe ich nie“, „Dafür bin ich zu jung, zu alt, zu schwach, zu unerfahren, zu sensibel“, „Das ist nichts für mich. Lieber soll das jemand anderer tun“, „Nein, ich kann nicht, ich resigniere immer“ oder Ähnliches. Immer wieder fragen mich Leute, wie man solche Gedanken aufgibt und ob das jeder schaffen kann. Nun, ich bin der Ansicht, dass es wirklich jeder kann. Das Umdenken ist eine viel einfachere Angelegenheit, als die meisten befürchten. Ich hab dafür meine eigene Mini-Zeremonie erfunden und die spielt sich so ab (ich nehme jetzt als Beispiel das Spiegelbild „leere Autobatterie"):

1. Ich merke, dass die Batterie meines Wagens leer ist und setze das analog für mich um: „Aha, irgendwo in meinem Leben bzw. Denken bin ICH leer, fehlt MIR neue Energie."

2. Ich suche, erforsche, denke nach, wo genau ich mich ausgelaugt habe (Beruf, Partnerschaft, Freizeitgestaltung, Familie, Hobbys ...) und komme drauf, dass ich mit meiner Freizeit nichts anzufangen weiß. Lieber sitze ich zu Hause und grüble, anstatt einen Kurs zu besuchen oder tanzen zu gehen oder Ähnliches.

3. Dann sage ich mir: „Mein (Nichts)-Tun, meine Antriebslosigkeit kommt von dem, was ich denke und wovon ich überzeugt bin. Ich will das jetzt ändern."

4. Ich schreibe all jene Ausreden auf Kärtchen, die mir zu meiner Lethargie punkto Freizeitgestaltung einfallen (Ich kann das nicht ... Heute ist es zu heiß dafür usw.), lese sie mir noch einmal durch und verbrenne sie dann.

5. Ich nehme neue Kärtchen und schreibe neue Gedanken auf, die mir neue Energie, Freude und Lust schenken. Zum Beispiel: Wenn ich will, kann ich alles. Heute ist der beste Tag dafür. Ich schaffe das locker. Ich freue mich auf diesen Spaziergang, auf den Englischkurs, aufs Malen ... Danke, mir geht's gut, ich bin froh, ich bin glücklich!

Sie sehen, liebe Leserinnen und Leser, welches Geschenk punkto Selbsterkenntnis sich tatsächlich hinter Ihrer leeren Batterie verbirgt. Und sollten Sie immer noch am Wahrheitsgehalt des Spiegelgesetzes zweifeln, hoffe ich mit den folgenden Kapiteln zu beweisen, dass jeder aktuelle Defekt an Ihrem Auto einem akut gewordenen, gedanklichen Umwandlungsprozess entspricht.

Der kaputte Teil an Ihrem Wagen zeigt auf,
was analog dazu in Ihrer Geisteshaltung
„kaputt" (geworden) ist.

Beleuchtung

Kaputte Scheinwerfer, Nebelleuchten, Rückstrahler, Bremslichter wie auch eine fehlende Innenbeleuchtung spiegeln „im Augenblick zu wenig Licht" in einem ganz bestimmten Punkt. Wenn zum Beispiel der linke, vordere Scheinwerfer ausfällt, können Sie das analog auf Ihr Leben beziehungsweise auf Ihr Denken umsetzen. Ob Sie es glauben wollen oder nicht. Es ist kein bloßer Zufall, dass zu einem bestimmten Zeitpunkt ausgerechnet das linke, vordere Licht ausfällt! Um diesen Spiegel zu entschlüsseln, benötigen Sie nur ein paar Vorkenntnisse. Wenn an Ihrem Auto auf der linken Seite etwas kaputt wird, betrifft die analoge Selbsterkenntnis dazu immer Ihr „weibliches", passives, intuitives, empfangendes Wesen. Nachdem unsere Seele geschlechtslos ist, gibt es keine nur männliche oder nur weibliche Seele. Jeder Mann trägt weibliche Teile in sich und jede Frau hat genauso männliche Wesensanteile. Der linke, kaputte Scheinwerfer zeigt also auf, dass derzeit punkto „Empfänglichkeit" ein blinder Fleck die Klarsicht trübt. Um dem Geheimnis auf die Spur zu kommen, könnte sich der betroffene Autobesitzer folgende Fragen stellen:

Horche ich auf meine spontanen Eingebungen?
Fällt es mir leicht, Geschenke anzunehmen?
Weise ich Komplimente oder Geschenke öfter zurück?
Muss ich ständig etwas tun, anstatt vertrauensvoll abzuwarten?
Vertraue ich einer gütigen, höheren Macht?
Habe ich Angst vor der Zukunft?

Wenn Sie sich solche und ähnliche Fragen ehrlich beantworten, kommen Sie der Botschaft schon näher, die Ihnen Ihr kaputter, linker Scheinwerfer bescheren möchte. Im Augenblick „kein Licht" links vorne heißt auf die Sprache Ihres Bewusstseins übersetzt: Im Augenblick blockiere ich das Wirken meiner weiblichen Wesensanteile. Ich misstraue meiner Intuition, unterdrücke meine Weichheit, habe kein Gottvertrauen und kann nicht warten. In einem ganz bestimmten Punkt verhalte ich mich falsch, sehe ich etwas falsch, also denke ich falsch!

Wenn wir dieses Beispiel weiterverfolgen, müsste sich nun der Besitzer/die Besitzerin des Autos in seinem/ihrem Leben etwas umsehen. „Wo, wann und bei wem bin ich immer nur der/die Aktive? Warum vertraue ich meinen Eingebungen nicht? In welchem Bereich meines Lebens würde es mir gut tun, passiv zu bleiben? Wer will mir was geben und warum weise ich das zurück? Es hilft sehr, diese Fragen schriftlich zu beantworten. Da steht nun schwarz auf weiß, wo, wann und bei wem derzeit „zu wenig Licht" (= Fehlsicht, blinder Fleck) besteht. Hinter jedem blinden Fleck aber behauptet sich eine Fehlüberzeugung. Und diese ist es, die verwandelt werden muss, damit ein ganz bestimmter Punkt im Leben des Autobesitzers in neuem Licht erstrahlt.

Wer immer und überall nur der/die Aktive ist, hat vielleicht den unbewussten Glaubenssatz: „Wer nichts tut, ist nichts wert." Wer seinen Eingebungen nicht traut, muss wohl davon überzeugt sein, dass „der Verstand die Welt regiert". Wem es nicht gelingt, passiv zu bleiben, der denkt wahrscheinlich: „Alles muss ich selber machen, sonst geschieht ja rein gar nichts." Jemand, der nicht imstande ist, Gaben anzunehmen, muss die Überzeugung haben, dass sich „so etwas nicht gehört" oder dass „ein guter Mensch immer Nein-Danke sagt" ...

Ich habe nun eine kleine Aufgabe für Sie.
Titel: Der rechte, vordere Scheinwerfer Ihres Wagens ist kaputt. Zu welchen Selbsterkenntnissen würde Sie diese Tatsache führen?

Bei kaputten Rück- oder Bremslichtern sieht der Rückschluss auf Ihr Bewusstsein ein bisschen anders aus. Damit Sie selbst der Sache näher kommen, fasse ich zusammen, was bei Ausfall der Heckbeleuchtung passieren kann. Wenn Sie bei Dunkelheit ohne Rücklichter fahren, werden Sie vom nachkommenden Wagen zu spät gesehen und geraten in eine gefährliche Situation. Der Lenker hinter Ihnen fährt wahrscheinlich knapp an Sie heran, bevor er Sie entdeckt und bremst. Diese nachempfundene Situation können Sie analog auf Ihr Leben und natürlich auf Ihre Geisteshaltung übertragen. Sie können sich fragen, in welchem bestimmten Punkt Sie sich selbst gefährden, weil Sie sich zu wenig oder gar nicht erkennbar machen. Vor wem fürchten Sie sich und warum? Im Beisein welcher Leute spielen Sie die stumme, graue Maus? Wann, wo und vor wem verstecken Sie Ihr natürliches Wesen? Diese und ähnliche Fragen werden Sie wachrütteln. Das kaputte Rücklicht Ihres Autos ist bloß eine von mehreren Manifestationen derselben Überzeugung, die sich in Ihrer Geisteshaltung einen Platz behauptet. Und deswegen ist es möglich, vom Zustand Ihres Autos einen Rückschluss auf Ihr unbewusstes Denken zu ziehen.

Fehlende Bremslichter deuten auf etwas anderes hin. Was könnte passieren? Sie haben zwar eine funktionierende Heckbeleuchtung, die Sie davor bewahrt, auf finsteren Straßen übersehen zu werden, sind aber trotzdem in Gefahr. Und zwar dann, wenn Sie bremsen. Weil der hinter Ihnen fahrende Lenker nicht sehen kann, d a s s Sie bremsen. Sie veranlassen ihn somit zu einer Notbremsung im letzten Augenblick, bevor er Ihnen womöglich hinten auffährt. Analog auf Ihre momentane Lebenssituation übertragen, würde das bedeuten, dass Sie irgendjemanden zu nahe an sich heranlassen, obwohl Ihre innere Alarmglocke bimmelt. Sie grenzen sich dieser Person gegenüber nicht rechtzeitig genug ab und begeben sich damit selbst in eine unangenehme, für Sie gefährliche Position. Es kann sein, dass diese Person in Ihrer Vergangenheit eine wichtige Rolle gespielt hat und Ihnen diese Geschichte heute noch immer unter die Haut geht.

Eine ähnliche Deutung können Sie wagen, wenn die Nebelschlussleuchte Ihres Wagens ausfällt. Ihr Auto wird bei Nebel, starkem Schneefall oder Platzregen vom dahinterfahrenden Lenker zu spät gesehen. Das bedeutet, dass Sie eine dementsprechende Überzeugung haben müssen, die sich auch woanders in Ihrem Leben auswirkt. Ich würde sie ungefähr so formulieren und bleibe gleich in der Ich-Form zwecks leichteren Verständnisses:

Unbewusstes Gedankenmuster:
Nicht in alltäglichen, sondern in Extremsituationen betreibe ich Vogel-Strauß-Politik. In irgendeinem bestimmten Punkt meines Lebens mache ich mich kaum bemerkbar, und zwar besonders dann, wenn's kritisch oder eng wird. Selbst in gefährlichen Situationen bleibe ich lieber stumm, als meine Meinung zu artikulieren oder mich zu wehren. Ich gerate zwar in Konflikte mit anderen

Personen, nur lasse ich mich sehr leicht überrumpeln. Ich muss daher die unbewusste Überzeugung haben: „Mich nimmt sowieso keiner wahr“ oder „Gute Menschen fallen niemals auf und fügen sich“ oder so ähnlich.

Generell gilt folgender Grundschlüssel, wenn irgendetwas an der Lichtanlage Ihres Autos nicht in Ordnung ist: Sie sind soeben dabei, ein neues Licht in Ihr Bewusstsein zu bringen. Irgendwo in Ihrem Denken und infolgedessen in Ihrem Leben befand sich ein kleiner, blinder Fleck. Nichts Aufregendes wahrscheinlich, wenn bloß ein kleines Lämpchen ausfällt. Betrifft der Schaden jedoch die ganze Lichtmaschine, können Sie sicher sein, dass zu gleicher Zeit eine gravierende Veränderung in Ihrem Leben vor sich geht. Die neue Lichtanlage in Ihrem Wagen spiegelt Ihnen die „neue Lichtanlage“ in Ihrer Geisteshaltung. Wahrscheinlich sehen Sie vieles in einem anderen, neuen Licht. Das kann sich positiv auf Ihren beruflichen Werdegang genauso auswirken, wie auf Ihre Partnerschaft oder auf Ihr Single-Dasein. Schauen Sie sich also genau in Ihrem Leben um, wenn es Probleme mit der Beleuchtung Ihres Autos gibt, denn analog dazu entsteht ein neues Licht in Ihrer gedanklichen Welt.

Blinker

Wenn sie links oder rechts blinken, geben Sie Ihren Richtungswechsel bekannt. Sie zeigen damit den Autofahrern ringsherum, dass Sie ihre Fahrtroute ändern. Das Blinken ist also die logische Folge Ihres Entschlusses, links oder rechts abzubiegen. Wenn nun die Blinker Ihres Wagens sämtliche Lichtzeichen verweigern, dann bedeutet das: *Ich habe mich zwar schon entschieden, meine bisherige Vorgangsweise in einem ganz bestimmten Lebensbereich zu verändern, aber ich behalte das noch für mich.*

Ich möchte noch niemanden damit konfrontieren. Vielleicht fürchte ich mich davor? Und wenn ja – was genau ist es, das mich hemmt, der Umwelt meine Verwandlungswilligkeit zu zeigen?
Blinker-Defekte sind ein Gleichnis dafür, andere im Dunkeln tappen zu lassen, wofür Sie sich im Innersten schon entschieden haben. So wie Sie mit Ihrem Auto auch ohne zu blinken abbiegen können, verfahren Sie auch in einer bestimmten Angelegenheit, die derzeit aktuell ist. Sie bewegen sich in eine neue Richtung, nur die „anderen sollen es (noch) nicht wissen".

Schauen wir, welche Gefahren damit verbunden sein könnten. Wenn Sie zum Beispiel bei Gegenverkehr links abbiegen, ohne zu blinken, dann provozieren Sie den entgegenkommenden Autofahrer, der geradeaus unterwegs ist, entweder zu einer Notbremsung oder zu einem Zusammenprall mit Ihnen. Das bedeutet als analoges Gleichnis für Ihre Gedanken, die etwa so klingen könnten – *Ich tue jetzt das, was ICH möchte. Die anderen brauchen das nicht zu wissen. Ich habe es satt, mich zu rechtfertigen und das ewige Streiten steht mir auch schon bis zum Hals* – dass Sie dieser Zusammenstoß genau in jene Situation führt, die Sie vermeiden wollen: In die Konfrontation mit den anderen, die von Ihrer veränderten Einstellung zu einem bestimmten Thema nichts erfahren sollten.

Wenn die hinteren Blinker ausfallen, weiß der hinter Ihnen fahrende Lenker nichts von Ihrem Richtungswechsel. Sie geraten in Gefahr, dass er Ihnen genau in dem Moment auffährt, wo sie links oder rechts einbiegen. Analog auf Ihre momentane Lebenssituation übertragen bedeutet das: Ich glaube, dass es gefährlich oder schädlich für mich ist, wenn ich anderen mitteile und zeige (= blinken), dass ich ein bestimmtes Thema aus meiner Vergangenheit (Autofahrer hinter mir), schon gelöst habe (Entscheidung zum Richtungswechsel ist bereits gegeben).

Ich denke, dass es besser ist, wenn ich das für mich behalte – und bringe mich dadurch in Gefahr (Auffahrunfall).

Die Warnblinkanlage Ihres Wagens hat eine Schutzfunktion. Sie bewahrt Sie davor, zusätzliche Schäden zu erleiden, wenn Sie zum Beispiel wegen einer Panne anhalten mussten. Eine funktionierende Warnblinkanlage lässt schon von weitem erkennen, dass da jemand ist, der Hilfe benötigt. Vorsicht und Rücksicht erbeten! Wenn nun die Warnblinker Ihres Wagens ausfallen – ist das wiederum nur ein Gleichnis für eine brandaktuelle Situation in Ihrem Leben. Irgendwo, in einer ganz bestimmten Angelegenheit, brauchen Sie eine Pause (= Panne). Das Leben hat Sie in eine Situation gebracht, damit Sie endlich anhalten und Hilfe in Anspruch nehmen. Das ist vollkommen in Ordnung, nur – sagen Sie nicht wirklich ja dazu. Der Ausfall der Warnblinkanlage signalisiert Ihnen Ihr Verbot: *Ich darf auf keinen Fall zeigen, dass ich derzeit erschöpft bin. Die anderen dürfen das weder sehen noch irgendwie erfahren (= Blinken fällt aus). Ich gestehe mir selbst nicht zu, müde zu sein oder einen Fehler gemacht zu haben. Ich vertusche das lieber, weil ich mich fürchte, dass … (?). Ich darf keine Schwäche zeigen und schon gar nicht um Hilfe bitten. Das ist falsch und schlecht.*

Selbstverständlich werden Sie kaputte Blinker reparieren lassen. Und wenn Sie dann zusätzlich noch hinterfragen, welche (negativen) Gedanken von Ihnen sich in nicht funktionierenden Blinkern spiegeln, haben Sie die Liebesbotschaft Ihres Autos willkommen geheißen. Generell würde ich sämtliche Blinkzeichen-Defekte wie folgt auf einen Nenner bringen:

Mir ist zur Zeit lieber, andere im Dunkeln tappen zu lassen, was mich betrifft. Ich möchte meine Familie, meine Freunde, meine …? auf keinen Fall teilhaben lassen, was mit mir zur Zeit los ist und wofür ich mich schon entschieden habe. Ich will mich lieber isolieren und provoziere damit genau das, wovor ich mich fürchte.

Hinter einer solchen Einstellung verbergen sich unbeachtete Ängste, die Sie selbst hervorrufen. Es sind immer nur unsere negativen Glaubenssätze, mit denen wir selbst unser Verhalten und unsere Gefühle vorprogrammieren. Wenn Sie also die Reaktion anderer fürchten, dann glauben Sie an Bestrafung und Liebesentzug. Sie denken, dass Sie kaum noch jemand mögen wird, wenn Sie Ihre Entscheidung zu einem Richtungswechsel der ganzen Welt verkünden! Bei Ausfall der Warnblinkanlage glauben sie vermutlich, ein schlechter Mensch zu sein, wenn Sie Ihre Hilflosigkeit zeigen und um Hilfe bitten. Das ist Ihr Irrtum, den Sie sich dank fehlender (mangelnder) Blinkzeichen bewusst machen könnten. Als Folge Ihrer Akzeptanz, dass Sie in einem bestimmten Punkt lieblose Glaubenssätze bejahen, könnten Sie sich sofort davon befreien und auf etwas Neues einstellen. Zum Beispiel:

→ Andere an meinen Entscheidungen teilhaben zu lassen ist ein Liebesbeweis.

→ Vorübergehende Hilflosigkeit zu zeigen beweist meine Stärke.

→ Um Hilfe zu bitten macht mich echt und vollständig.

Bremsen

Danken Sie Ihrem Auto, wenn es Sie öfter zu riskanten Bremsmanövern nötigt, weil es Ihnen damit ein Spiegelbild vor Augen hält, das sich durch einen Glaubenssatz von Ihnen verwirklicht. Ich weiß, das klingt provokant. Dennoch ist es wahr, was Ihr Auto über Sie selbst aussagt, wenn es Probleme mit den Bremsen gibt:

Irgendwo, in einem ganz bestimmten Punkt Ihres Lebens, überhöhen Sie Ihr persönliches Lebenstempo um ein Vielfaches.

Sie tun zu viel, sind hektisch und oft im Stress. Eine Notbremsung zum Beispiel, wenn Sie mit Ihrem Auto unterwegs sind, ist die Verwirklichung einer Überzeugung, die Sie hegen und pflegen, ohne sich dessen bewusst zu sein. Wenn die Bremsen Ihres Wagens versagen, dann versagt analog dazu irgendeine Bremse in Ihren Gedanken. Sie schießen übers Ziel hinaus und verlieren wahrscheinlich öfter den Bezug zum gegenwärtigen Augenblick.

Erst kürzlich las ich von einem Unfall mit einem Todesopfer. Der betroffene Lenker hatte mit über hundert Stundenkilometern ein Brückengeländer gerammt, war samt seinem Wagen in den Fluss gestürzt und ertrunken. Als Ursache gab die Polizei überhöhte Geschwindigkeit und Bremsversagen an. Wenn wir dieses traurige Beispiel im Spiegel betrachten, können wir die geistige Ursache erahnen. Der Todeslenker muss davon überzeugt gewesen sein, dass er „etwas versäumt" – und zwar generell in seinem Leben. Er muss geglaubt haben, dass Raserei mehr Erfolg bringt als Gelassenheit und Vertrauen, koste es auch einen sehr hohen Preis: sein Leben.

Wenn also die Bremsen Ihres Autos nicht so funktionieren, dass Sie jederzeit und überall anhalten könnten, ist das eine Manifestation eines Gedankens von Ihnen. Sie haben wahrscheinlich die Einstellung, dass Sie nur dann ein beachtenswerter Mensch sind, wenn Sie sich stressen. Deswegen fällt Ihnen kaum auf, wie sehr Sie Ihr ureigenstes Lebenstempo missachten. Das Einzige, was zählt, ist – noch mehr. Noch mehr Erfolge, noch mehr Geld, noch mehr Glück, noch mehr Ansehen und das so schnell wie möglich. Mit dieser Einstellung ist es Ihnen kaum möglich, rechtzeitig zu „bremsen“ – und genau das spiegelt Ihnen Ihr Wagen, wenn die Bremsen ausfallen. Er spiegelt Ihnen auch, was noch alles passieren könnte, wenn Sie Ihre Überzeugung, „möglichst rasch noch mehr“ erreichen zu müssen, beibehalten. Bei einer Notbremsung zum Beispiel gerät Ihr Auto ins Schleudern und schüttelt Sie so richtig durch. Analog dazu kommen Ihre Gedanken ins Schleudern, es entsteht ein Wirrwarr, so dass Sie gezwungen sind, Ihre Lage neu zu überdenken. Wenn Sie die kleinen Anzeichen missachten, die Ihnen die Bremsen Ihres Autos spiegeln, werden Sie irgendwann einen deutlicheren Hinweis bekommen, ein komplettes Bremsversagen zum Beispiel.

Auch die Handbremse Ihres PKW sollten Sie mühelos handhaben können. Ich erinnere mich an meinen grünen Fiat 127. Ständig gab es Probleme mit der Handbremse. Ich musste sie jedes Mal mit aller Gewalt hochziehen, damit sie einrastete. Das kostete mich jedoch so viel Kraft, dass ich immer öfter vergaß, sie überhaupt zu verwenden. Oder ich zog sie automatisch nur ein kleines Stück hoch, was überhaupt nichts bewirkte. Meistens fiel mir erst nach etlichen gefahrenen Kilometern auf, dass ich mit gezogener Handbremse unterwegs war. Das Beispiel zu entschlüsseln ist einfach.

Entschlüsselung:
Übertragen auf mich selbst und meine damalige geistige Einstellung, hatte ich analog zu meiner defekten Handbremse ärgste Probleme mit dem harmonischen Wechselspiel zwischen Stillstand und Aktivität: Ich konnte mich nur mit aller Gewalt passiv verhalten. Es kostete mich große Mühe, in einer Gesellschaft nur still dazusitzen und nichts zu tun. Stän-

dig fühlte ich mich übermäßig dazu berufen, andere Personen aus Ihrer Langeweile zu reißen. In Gesellschaften spielte ich oft den Clown. Meine armseligen Versuche, mit diesem einseitigen Verhalten endlich Schluss zu machen, scheiterten viele Jahre lang. Immer wieder versuchte ich, meinen Mund zu halten, ruhig abzuwarten und nichts zu inszenieren, konnte aber nicht.

Die schlecht funktionierende Handbremse meines Autos spiegelte mir mein Verhaltensmuster.

Ob Sie es glauben wollen oder nicht – aufgrund meiner Handbremse wurde mir etwas klar, wovon ich damals überzeugt war, ohne mir darüber bewusst zu sein: Ich glaubte, nur dann geliebt, geschützt und geachtet zu werden, wenn ich aktiv im Mittelpunkt stehe. Und umgekehrt war ich fix davon überzeugt, dass mich keiner bemerkt, wenn ich nichts tue und still bin.

Die Handbremse Ihres Autos spiegelt im analogen Sinn die „Handbremse" in Ihren Überzeugungen. Damit Sie das leichter verstehen, wollen wir uns zuerst die Funktion der Auto-Handbremse ansehen. Die Handbremse soll Ihr Auto davor bewahren, dass es ungewollt in Bewegung kommt. Erkennen Sie den Zusammenhang, wenn wir das obige Beispiel aus meinem Leben noch einmal hernehmen? Aufgrund meines falschen Glaubens kam ich ständig ungewollt in Bewegung. Denn es war keineswegs mein freiwilliges Vergnügen, jedes Mal den Kasperl für alle zu mimen. Es strengte mich oft an, kostete mich Kraft, bis mich eines Tages eine Freundin davon erlöste. Vor allen Gästen herrschte sie mich an: „Spare dir die Mühe! Wir brauchen dein Getue heute nicht." Das schmerzte zwar in dem Moment, aber ich schaffte es trotzdem, meinen inneren Zwangs-Clown zu beruhigen. Eine oder zwei Wochen später war es mir plötzlich ungeheuer wichtig, die Handbremse meines Fiat reparieren zu lassen.

Liebe Leserinnen und Leser, ich möchte anhand dieser simplen Beispiele nur eines aufzeigen: dass immer ein analoger Zusammenhang zwischen Ihnen und den Ereignissen in Ihrem Umfeld besteht. Glauben Sie mir, es ist wirklich leicht möglich, Erkenntnisse für sich selbst daraus zu gewinnen. Wenn Sie sich über Ihren Onkel, das Regenwetter oder über Ihr Auto aufregen, können Sie absolut sicher sein, dass Sie sich lieber über ein bestimmtes Verhalten (welches das ist, zeigt das Spiegelbild vor Ihren Augen) von Ihnen ärgern, anstatt es aufzugeben!

Heizung / Klimaanlage

Ihr Auto spiegelt Ihnen mit jedem Defekt ein bestimmtes Denkmuster, mit dem Sie sich selbst schaden. Es kann nicht oft genug erwähnt werden, dass auch Ihre unbewusste geistige Einstellung sehr konkrete Tatsachen hervorbringt. Wenn nun plötzlich die Heizung in Ihrem Wagen ausfällt, dann können Sie dieses Spiegelbild auf ein Denkschema ummünzen, mit dem Sie im Augenblick konfrontiert werden. Sie frieren in Ihrem Auto. Es mangelt Ihnen an Wärme.

Wenn Ihnen in Ihrem Wagen kalt ist, dann gibt es derzeit noch irgendwo in Ihrem Leben eine Angelegenheit (welche?) oder eine Person (wer?), die Sie kalt (oder erkalten) lässt,

obwohl sich Ihr Innerstes nach wohliger Wärme sehnt. Nur Frieren (Abkapseln, Gespräch verweigern, Zurückziehen) bringt Sie in diesem bestimmten Punkt oder mit diesem Menschen, der Ihnen jetzt spontan eingefallen ist, nicht weiter. Sie tun sich damit nichts Gutes. Ihre Überzeugung, dass Sie in dieser Sache absolut nichts tun können, um wieder innere Wärme zu empfinden, ist falsch. Die schadhaft gewordene Heizung in Ihrem Auto veranschaulicht ein Ungleichgewicht, eine Disharmonie Ihrer Herzenswärme.

Bitte machen Sie sich bewusst, dass Sie der/diejenige sind, der/die dort wieder für ein Gleichgewicht zu sorgen hat, indem Sie sich zum Beispiel fragen: „Was könnte ich (in dieser bestimmten Angelegenheit – für diese bestimmte Person oder für mich) tun, damit mir wieder warm ums Herz wird?"

Eine defekte Klimaanlage spiegelt ebenfalls eine Disharmonie in Ihren Empfindungen. Vor kurzem rief mich eine Frau wegen dieses Problems an. Sie sagte: „Die Klimaanlage in meinem Wagen spinnt total. Sie produziert plötzlich nur noch heiße Luft, es ist kaum auszuhalten." Die innere Überhitzung der Dame blieb mir selbst am Telefon nicht verborgen, da sie voller Ungeduld schon die nächste Frage stellte, als ich die erste überhaupt noch nicht beantwortet hatte.

Wenn es also in Ihrem Auto aufgrund einer kaputten Klimaanlage zu heiß wird, dann halte ich folgende Frage für angebracht: „Wo, mit wem oder in welcher Angelegenheit bin ich derzeit zu hitzig (ungeduldig, vehement, fordernd, ungestüm, „Elefant im Porzellanladen") und schade mir damit?" Ein überhitztes Auto spiegelt einen „überhitzten" Besitzer. Versteckte Aggressionen oder andere Negativgefühle wüten im Inneren und bewirken jenes unangenehme Aufgeheizt-Sein, das sich eben auch im Auto des Betroffenen bemerkbar macht.

Fällt die Klimaanlage in Ihrem Wagen komplett aus, dann müssen Sie gezwungenermaßen wieder mit den jahreszeitbedingten Temperaturen zurechtkommen. Sie werden damit auf den Boden der gegebenen Realität zurückgeworfen. Was bedeutet, dass Sie wieder spüren sollen, wie es ist, wenn die Sonne herunterheizt .. oder wie es sich anfühlt, wenn man so richtig friert. Einen Totalausfall der Klimaanlage deute ich wie folgt:

In irgendeinem Lebensbereich (Beruf, Partnerschaft, Familie, Freundeskreis …) oder einer bestimmten Angelegenheit (welche fällt Ihnen ein?) sollen Sie aus einer echten Emotion heraus reagieren. Nur mit Ihrem kühlen Verstand oder mit Ihrer Vernunft kommen Sie in diesem bestimmten Punkt nicht mehr weiter. Sie sollen sich ohne künstliche Temperaturregelung (= Ausfall der Klimaanlage) zeigen, was bedeutet, dass Sie damit aufhören sollen, Ihre Gefühle zu kontrollieren und zu manipulieren – weil es Ihnen in der besagten Angelegenheit weder weiterhilft noch gut tut.

Karosserie

„Gott sei Dank war es nur ein Blechschaden! Mir ist nichts passiert, bis auf eine kleine Schramme am rechten Handrücken", hörte ich meine Freundin Karin am anderen Ende der Telefonleitung seufzen. Aber ich hörte noch etwas. Den Steinbrocken, der von ihrem Herzen zu Boden fiel, weil der Unfall so glimpflich ausgegangen war.

Wenn die Karosserie Ihres Autos beschädigt wird – durch andere Autos, durch Steinschläge, durch Vandalismus, Hagel oder Selbstverschulden – bleibt die dahinterliegende Botschaft für Sie dennoch dieselbe: Sie sind soeben dabei, den Schleier Ihrer Abgrenzungsmechanismen ein wenig zu lüften. Ihr bisheriges Alltagsgesicht, Sie können es auch Rollenspiel nennen, gerät ins Wanken. An Ihrer äußeren Fassade wird gekratzt, das zeigt Ihnen der Kratzer an der Karosserie Ihres Autos. Je größer die beschädigte Fläche, desto mehr sind Sie bereit, sich anders zu zeigen als bisher. Wenn Sie nicht genau wissen, wo, wann und vor wem Sie Ihre altgewohnte Rolle ablegen sollen, müssen Sie den Schaden an der Karosserie genauer unter die Lupe nehmen. Ist die Delle vorne oder hinten, rechts oder links? Was genau ist mit Ihrem Wagen passiert, so dass es zu einem Blechschaden kam?

Je massiver die Karosserie Ihres Wagens beschädigt wird, desto notwendiger ist es für Sie, eine ganz bestimmte Maske abzulegen, die Sie bisher zur Tarnung Ihres Wesens benützten.

Es ist ein Unterschied, ob Ihr Auto von einem Felsbrocken getroffen und beschädigt wird oder ob Sie beim Ausparken einen Zaun streifen. Analog dazu können Sie im ersten Fall die Vehemenz Ihrer akut gewordenen, dringend notwendigen Persönlichkeitsverwandlung gespiegelt sehen. Das Beispiel mit dem Zaun wäre ein sanfterer Hinweis darauf, dass Sie ein bestimmtes Rollenverhalten überdenken sollten.

Die Karosserie umhüllt sozusagen das Innere Ihres Wagens, wie die Haut Ihren Körper und dessen innere Organe umgibt. Ein Blechschaden deutet daher auch auf ein Abgrenzungsproblem hin. Vielleicht glauben Sie, es würde Sie eine bestimmte Person bevormunden oder einengen, wenn Sie sie näher an sich heranlassen? Vielleicht befürchten Sie, Ihre Rolle könnte durchschaut werden?

Ein deformierter Blechhaufen, der vordem Ihr Auto war, veranschaulicht sehr deutlich, dass Sie jetzt ein anderes Auto (= ein anderes Selbstbild) mit einer heilen Karosserie (= mit einem gesunden Outfit) brauchen. Sie sind gerade dabei, sich immer ehrlicher zu zeigen und echter – und dazu sollten Sie sich gratulieren!

Kraftstoffverbrauch

Die meisten Autobesitzer, die ich kenne, sind stolz darauf, wenn ihr Auto wenig Sprit benötigt. Und das mit Recht! Denn so sparsam ein Auto Benzin oder Diesel verbraucht, um eine bestimmte Entfernung zurückzulegen, so wenig Aufwand braucht dessen Besitzer, um vorwärtszukommen. Liebe Leserinnen und Leser, bitte verstehen Sie das richtig. Hier geht es nicht um die innere Kraft an sich, die Ihnen zur Verfügung steht, sondern um die Menge der Kicks, die Sie brauchen, um in Bewegung zu bleiben – körperlich und geistig. Wenn sich Ihr derzeitiger Wagen als ein nimmersatter Benzinschlucker entpuppt, können Sie aus dieser Tatsache etwas folgern:

Die Unmenge Kraftstoff, die Ihr Auto benötigt,
damit es fährt, spiegelt Ihnen die Unmenge
von Aufwendigkeiten, die Sie zur Zeit in Anspruch nehmen.

Vielleicht glauben Sie, nicht mitten im Geschehen zu sein oder etwas zu versäumen, wenn Sie mal auf dieses oder jenes verzichten. Einladungen abzusagen fällt Ihnen schwer, denn Sie könnten ja etwas verpassen, das Sie Ihrem Ziel näher bringt. Sie hören von einem neuen Buch und müssen es sofort kaufen. Ihre Freundin erwähnt einen neuen Kinofilm und Sie wollen ihn sofort sehen, vielleicht hetzen Sie auch von einem Seminar zum anderen. Wie auch immer der „Kraftstoff" für Ihr Vorankommen aussehen mag, geht es dabei nicht um den Inhalt, sondern um die Menge, die Sie konsumieren. Der Aufwand, den Sie zur Zeit treiben, ist zu groß. Das spiegelt Ihnen Ihr vierrädriger Freund. Vielleicht hilft ein kleines Beispiel. Nehmen wir an, Sie besitzen derzeit einen Wagen, der für hundert zurückgelegte Kilometer 22 Liter Benzin verbrennt. Für dieselbe Strecke braucht das Auto Ihres besten Freundes aber nur 8

Liter. Die Strecke, die beide Autos zurücklegen, ist dieselbe und beide erreichen das gleiche Ziel. Warum also mehr Kraftstoff und dementsprechend mehr Kosten aufwenden, wenn Strecke und Ziel identisch sind? Ahnen Sie schon ein bisschen, was ich damit meine?

Ihr Auto spiegelt Ihnen durch seinen enormen Spritverbrauch, dass auch Sie viel zu viel „Sprit" brauchen (= Aufwand treiben, überkonsumieren, Kicks suchen, kaufen?),

um im Endeffekt dasselbe Ziel zu erreichen, wie jemand, der vertrauensvoll im Lebensstrom mitfließt – mit geringstem Aufwand, kostengünstig, mühelos und leicht. Als Besitzer eines Kraftstoff-Fressers könnten Sie sich fragen, welche Überzeugung es wohl sein muss, die Sie zu solch hohem Verschleiß veranlasst. Sie wissen ja mittlerweile, dass Ihr Auto Sie spiegelt. Es zeigt Ihnen Ihre Überzeugungen in vielerlei Punkten. Das aktuellste Thema ist immer das, was Sie an Ihrem Wagen stört und was Ihnen besonders stark auffällt. Es hilft daher wenig, nur darüber zu keppeln, wenn Ihr Auto immer mehr Benzin schluckt. Es ändert auch nichts, wenn Sie Ihren Wagen griesgrämig mit noch mehr Kraftstoff versorgen. Warum? Weil Sie damit das zugrunde liegende Problem nicht lösen. In Ihrem Bewusstsein regiert nämlich eine Überzeugung, die besagt, dass man ein Ziel nur mit viel Aufwand und enormen Kosten erreichen kann. Sie glauben nicht an die Güte des Schicksals und dass sich Ihr Weg zum Ziel mühelos von selbst ebnet. Würden Sie diese Gedanken ein für alle Mal aufgeben, bekämen Sie ganz bestimmt Lust auf ein Auto, das weniger Sprit verbraucht, weil es Ihrem verwandelten, neuen Selbst entsprechen würde.

Kühlung

Ich erinnere mich an einen alten Mercedes mit offener Motorhaube. Er parkte rauchverqualmt am Rande der Katschbergstraße, die sich in vielen Kurven den Berg hochwindet. Den Autobesitzer sehe ich heute noch vor mir. Verzweifelt wegen des übergekochten Kühlers riss er wütend die Arme hoch und schimpfte wie ein Rohrspatz! Dieses Ereignis liegt sehr, sehr lange zurück. Die Kühlanlagen unserer heutigen Automobile sind längst modernisiert worden. Kaum jemand hat noch mit einem wasserleeren Kühler zu tun. Trotzdem kann auch ein minimaler Defekt an der Kühlanlage Ihres Autos sehr aufschlussreich für Sie sein. Wenn nämlich dort etwas nicht in Ordnung ist,

dann stimmt etwas nicht mit der „Ab-Kühlung"
Ihrer hitzigen Gedanken.

Der Kühler Ihres Wagens hat die Aufgabe, Ihr Fahrzeug vor Überhitzung zu schützen. Die Motortemperatur wird mit Hilfe des Kühlers innerhalb eines erlaubten Bereichs konstant gehalten. Auch der kleinste Defekt im Kühlsystem würde zur Folge haben, dass der Motor zu heiß wird. Übersieht man den Fehler, weil zum Beispiel auch das Temperatur-Kontrolllicht kaputt ist, muss man in weiterer Folge mit einem Motorschaden rechnen.

Wir wollen nun diese kleine Erläuterung für den Besitzer eines Wagens mit defekter Kühlanlage übersetzen. Das Spiegelbild zeigt ihm einen Fehler in der Temperaturregelung. Irgendetwas stimmt nicht. Andauernd überhitzt sich der Motor. Ein kontinuierliches Weiterfahren ist daher unmöglich. Immer wieder wird der betroffene Lenker zum Stehenbleiben gezwungen. Es bleibt ihm nichts anderes übrig, als zu warten, bis sich die Temperatur wieder im Normbereich befindet. Genau dasselbe, das sich mit seinem Auto abspielt, spielt sich im Bewusstsein des Autobesitzers ab:

Andauernd überhitzen sich seine Gedanken und er ist über alle Maßen aktiv. Kein Berg ist ihm zu hoch, keine Gefälligkeit zu groß und keine Aufgabe zu schwierig. Sein Lebensmotor ist überhitzt, nur merkt er es nicht. Er wundert sich allerdings, warum ausgerechnet er ein extrem voll gefülltes Leben zu meistern hat, während andere genüsslich in der Sonne dösen. Um Mitternacht fällt er todmüde ins Bett, kann aber oft nicht einschlafen, weil seine Gedanken um die morgigen Termine kreisen und was alles zu erledigen ist. Das Weckerläuten um sechs Uhr morgens überhört er und schläft weiter, um sich Stunden später mit Feuereifer in eine neuerliche Stresssituation zu stürzen. Merken Sie anhand dieses Beispiels, dass Auto und Besitzer identisch sind?

Bei beiden ist das rechtzeitige Abkühlen
(Innehalten, Pausieren) verloren gegangen.

Solange die Kühlanlage des Wagens nicht repariert wird, bleibt das Wechselspiel der Extreme erhalten: starten, fahren, stehen bleiben (müssen!) Solange der betroffene Wagenbesitzer ein Opfer jener unbewussten Überzeugung bleibt, die seinen überheißen Lebensrhythmus, seinen aufbrausenden Jähzorn oder bei sehr lange fehlender „Abkühlung“ seinen Herzinfarkt verursacht, solange wird er zwischen Überforderung und erzwungenen Ruhepausen (= Abkühlen) hin- und hergeschüttelt werden.

Welche Überzeugung könnte es sein, die jemanden zu einem solchen Schindluder-Verhalten treibt? Was steckt dahinter, wenn ein Mensch buchstäblich heiß läuft? „Der ist ein typisches Häferl“, würden wir im Wiener Dialekt sagen und damit meinen, dass die besagte Person genauso leicht überkocht wie ein übervoller Topf auf dem Herd. Natürlich können es auch mehrere unbewusste Glaubenssätze sein, mit der die besagte Person ihre Normaltemperatur boykottiert und damit auch ihre Gesundheit gefährdet. Wahrscheinlich braucht es seine Zeit, um sie aufzustöbern. Ich halte es vorerst für das Wichtigste, sich überhaupt einmal bewusst zu machen, dass da ein Fehler in der eigenen Geisteshaltung vorliegt. Der Fehlgedanke hat mit „mangelnder Kühle" zu tun, die „Abkühlung" funktioniert nicht richtig, es fehlt die Überzeugung, dass kühl sein erlaubt und in Ordnung ist!

Kupplung

Die Aufgabe der Kupplung ist es, zwischen Schaltung und Motor zu vermitteln – also eine Verbindung zu ermöglichen. Ohne das Kupplungspedal zu treten, können Sie weder einen höheren Gang einlegen noch zurückschalten. Die ersten Anzeichen eines Kupplungsschadens werden nur allzu leicht übersehen. Die wenigsten achten darauf, obwohl sie feststellen, dass die Kupplung jedes Mal später greift, sooft sie das niedergetretene Pedal nach dem Schalten wieder hochkommen lassen. Kümmert sich der betroffene Autobesitzer nicht darum, wird die Kupplung irgendwann ganz ausfallen. Das Auto in Bewegung zu setzen, wird unmöglich. Der Lenker ist zum Stillstand und zu einer Reparatur der Kupplung gezwungen, wenn er wieder fahren möchte.

Eine unbrauchbar gewordene Kupplung deutet darauf hin, dass Ihnen zur Zeit das Umschalten von einer bestimmten Situation zur nächsten schwer zu schaffen macht oder überhaupt nicht gelingt.

Mit einem Fehler an der Kupplung Ihres Wagens können Sie kein anderes Tempo bestimmen, weil sich der zweite, dritte oder vierte Gang nur mit größter Mühe schalten lässt. Umgekehrt verhält es sich genauso. Nehmen wir an, Sie wollen vom vierten auf den dritten Gang zurückschalten, also Ihre Geschwindigkeit reduzieren. Mit einer kaputten Kupplung müssten Sie ganz schön herumwerken, damit dieses Kunststück gelingt. In beiden Fällen zwingt Sie der Kupplungsdefekt zum Innehalten! Es bleibt Ihnen nichts anderes übrig, als sich im momentan gegebenen Tempo fortzubewegen. Bestenfalls könnten Sie es etwas reduzieren – während Sie sich gleichzeitig anstrengen müssen, einen anderen Gang einzulegen.

Liebe Leserinnen und Leser, Sie wissen es ja längst: Diese Situation ist eine Spiegelung Ihrer Gedanken, die sich aber nicht nur als kaputte Kupplung zeigen, sondern in vielerlei Formen. Ihr Auto mit dem Kupplungsdefekt ist nur eine Verwirklichung, ein Spiegelbild jenes Gedankens, der momentan aktuell ist, auch wenn Sie davon nichts ahnen. Irgendeine Überzeugung, an der Sie festhalten, zwingt Sie zum Verharren in derselben Position, egal, ob Sie nun wie ein Wilder arbeiten oder stundenlang spazieren gehen. Es überfällt Sie eine gewisse Starrheit, eine innere Sperre, wenn ein Wechsel vonnöten ist. Zum Beispiel: Von einem Tempo zum anderen, von einer Beschäftigung zur anderen, von der Arbeitssituation in die Freizeit usw. Sie können sich nur schwer aufraffen, Ihre momentane Tätigkeit zu beenden. Es kostet Sie große Mühe, gedanklich von einem Thema zum anderen umzuschalten. Es dauert seine Zeit, bis Sie sich voll und ganz auf die Folgesituation konzentrieren können.

So wie Ihre defekte Kupplung das (Um-)Schalten verhindert,
verhindert eine bestimmte Überzeugung von Ihnen,
dass Sie sich mühelos in das ununterbrochene Wechselspiel
des Lebens einfügen können.

Sie brauchen für alles Bedenkzeit, reagieren wenig spontan und wenn doch, dann kostet es Sie Überwindung. Verschnaufpausen (= Innehalten) sind lebensnotwendig für Sie.

Ihre kaputte Kupplung hält Ihnen also deutlich vor Augen, wie es derzeit um Sie steht. Sie könnten daraus einen Nutzen ziehen und herausfinden, welche Überzeugung es ist, die Sie schwerfällig reagieren lässt, die Ihnen verbietet, bedenkenlos und leichten Fußes voranzuschreiten. Vielleicht glauben Sie, dass es niemanden gibt, der Ihnen zur Seite steht? Oder ist es Ihr Misstrauen, das Ihnen das Leben erschwert? Es kann auch sein, dass Sie sich gedanklich an der Vergangenheit festkrallen, obwohl die betreffenden Ereignisse Jahre her sind. Sie schalten nicht auf den gegenwärtigen Augenblick um, daher geht dessen Zauber für Sie verloren. Die geistige Kupplung (Verbindung) funktioniert nicht. Damit verwehren Sie sich selbst jene Chancen, die jeder neue Augenblick für Sie bereithält. Und deswegen lohnt es sich, wenn Sie nicht nur Ihrem Auto eine neue Kupplung einbauen lassen, sondern dieselbe Korrektur auch bei sich selbst – in Ihrer gedanklichen Welt – vornehmen. Wenn Sie sich aufrichtig fragen:

→ Worauf fixiere ich ununterbrochen mein Denken, anstatt die Gegenwart wahrzunehmen?

→ Welches Thema beschäftigt mich derzeit so sehr, dass ich mich wie gelähmt fühle?

→ Wovor fürchte ich mich?

Lack

Achten Sie bitte auf Ihre Emotionen, wenn Sie einen Kratzer, einen Rostfleck oder sonstige Unebenheiten auf dem Lack Ihres fahrbaren Untersatzes entdecken. Symbolisch können Sie die Lackierung der Karosserie mit der obersten Schicht Ihrer Haut vergleichen, und – wenn Sie noch transparenter dahinterschauen wollen – mit der schillernden Umhüllung einer Riesenseifenblase. Auf meinen Workshops zeige ich öfter ein Bild, das einer Kugel ähnelt oder eben wie eine Seifenblase mit buntem Inhalt aussieht, damit sich die Leute ihr Bewusstsein als plastisches Bild vorstellen können. Ob es sich nun um einen Lackschaden an Ihrem Wagen handelt oder um eine Hautverletzung, können Sie sich das im analog übertragenen Sinn auch als Ritzer in der Umhüllung Ihrer Bewusstseinsblase vorstellen. Die vormals intakte Oberfläche, die den Inhalt begrenzt, bekommt einen Riss (Öffnung, Kratzer).

Ein Schaden an der Lackierung spiegelt Ihnen demnach eine Beschädigung Ihrer bisherigen Bewusstseins-Eingrenzung.

Ich sehe darin sehr viel Positives. Irgendein unbewusster Gedanke drängt an die Oberfläche. Damit er Ihnen überhaupt bewusst werden kann, müssen Sie Ihre Abgrenzung (Abneigung) transparenter werden lassen. Der Kratzer auf der Motorhaube Ihres Autos hält Ihnen vor Augen, dass an Ihrer Oberflächlichkeit bereits gekratzt wird. Je nachdem wie klein oder groß, lang oder tief der Lackschaden ist, spiegelt er Gemächlichkeit oder Vehemenz. Ein tiefer, langer Kratzer ist wirklich keine erfreuliche Sache. Trotzdem können Sie einen Nutzen aus dessen tieferer Bedeutung ziehen:

Ein unbewusster Gedanke, ein Glaubenssatz
von Ihnen drängt vehement an die Oberfläche
(= soll Ihnen rasch bewusst werden).
Es ist eine Überzeugung,
die zu Ihrem Lebensglück absolut nicht mehr passt.

Sie müssen sich nicht sofort den Kopf darüber zerbrechen und grübeln, welcher (Fehl-)Glaube es ist, der da an die Oberfläche will. Es genügt vorerst, die Beschädigung am Auto zu akzeptieren und wieder in Ordnung zu bringen. Aus Erfahrung kann ich bestätigen, dass mir der Zusammenhang zwischen dem, was mit meinem Wagen passierte, und dem, was mich gerade heftigst beschäftigte, worauf ich mich konzentrierte, irgendwann von selbst einfiel. Ich möchte nochmals betonen, dass ich es für unangebracht halte, jede kleinste Kleinigkeit zu entschlüsseln. Nur wenn Sie eine bestimmte Situation mit Ihrem Auto ärgert, wütend macht, unzufrieden stimmt oder sonst wie aus Ihrer Mitte reißt, wird eine Spiegelbild-Analyse zur bereichernden Erfahrung: „Was sagt mir das über mich? Was sagt mir das über meine derzeitige Geisteshaltung? In welchem Punkt, der mich derzeit ununterbrochen beschäftigt, denke ich falsch und schade mir damit? Welche Überzeugung muss ich wohl haben, dass dieses oder jenes mit meinem Auto passiert ist?"

Motor

Der Motor ist das Herz Ihres Autos. Mit kaputten Bremsen zum Beispiel könnten Sie sich noch immer fortbewegen, auch mit einer Delle in der Karosserie, fehlenden Stoßstangen, Türen oder Fenstern, auch mit einem Kupplungsdefekt rollt Ihr Wagen noch vorwärts – und wenn der Starter streikt, ist es dennoch möglich, durch Kurzschließen Ihr Auto in Bewegung zu setzen.

Wenn jedoch der Motor kaputt ist, können Sie auch mit perfekten Reifen, einer funktionierenden Schaltung, guten Bremsen und einer neuen Kupplung Ihren Wagen nicht zum Fahren bewegen. Wenn der Motor ausfällt, fehlt das Wichtigste, das das Zusammenwirken der Maschinerie mit all ihren Teilen garantiert. So wie der Tod eines Menschen eintritt, wenn sein Herz zu schlagen aufhört.

Ein Motorschaden kündigt sich oft durch unregelmäßige Geräusche an, die durch Blockieren eines Zylinders im Kolben entstehen. Er kann sich aber auch anders äußern, je nachdem, welche Art von Motor Ihr Wagen besitzt. Eine genaue Motor-Analyse würde meine Kompetenz sprengen. Deswegen möchte ich allgemein darauf hinzielen, welche Botschaften sich dahinter verbergen, wenn der Motor Ihres Autos zu stottern beginnt.

Wenn wir den Motor Ihres Wagens als sein Herz betrachten, fällt es Ihnen bestimmt leicht, dessen Symptome analog zu begreifen. Im Körper entspricht das Herz dem Zentrum unserer Liebesfähigkeit. Beim Anblick eines geliebten Menschen beginnt es laut zu klopfen oder es hüpft vor lauter Freude. Wenn wir Angst haben, beginnt unser Herz zu rasen. Wenn wir jemanden nicht loslassen wollen, dann kommt es uns vor, als würde auf unserem Herzen ein brennender Ziegelstein lasten. Ein Druck im Herzen deutet darauf hin, dass wir es einer bestimmten Person oder uns selbst gegenüber nicht öffnen wollen. Manchmal spüren wir einen Stich im Herzen, wenn wir uns von jemand anderem verletzt fühlen, usw. Wann immer unser Herz aus seinem gleichmäßigen Rhythmus gerät und dabei schmerzt, hat es eine Botschaft für uns: In einem ganz bestimmten Punkt, oder zu einem ganz bestimmten Menschen, wie auch zu uns selbst, ist Liebe und Zuwendung angesagt, nicht Zurückweisung, Härte oder Angriff.

Was hat das Ganze nun mit Ihrem schadhaften Motor zu tun? Ich habe in diesem Büchlein schon oft erwähnt, dass alles

Sichtbare in Ihrem Leben nur ein Gleichnis ist. Das eine entspricht dem anderen haargenau.

Wenn der Motor Ihres Autos irgendeinen Defekt ankündigt,
ist das gleichzeitig ein Spiegelbild
Ihrer momentanen Herzensverfassung.
Es tut sich was in Ihrem Liebesleben, in Ihrer Liebesfähigkeit.

Selbstverständlich können Sie den Motorschaden beheben lassen, ohne auf die verborgene Botschaft zu schauen. Was ich mir wünsche, ist nur die kleine Bereitwilligkeit, zusätzlich dahinter zu schauen und die verborgene Botschaft, das Geschenk, in Empfang zu nehmen. Ohne Aufwand ermöglicht Ihnen Ihr Auto eine Fülle von Selbsterkenntnissen.

Geräusche im Motor können Sie gleichsetzen mit Geräuschen im Herzen, und demnach gleichsetzen mit „Geräuschen" in Ihrem Liebesleben. Das bedeutet, es tut sich was in dieser Richtung! Irgend ein Liebeswunsch (welcher?) oder ein bestimmtes Liebesbedürfnis von Ihnen (welches?) kündigt sich an, macht sich bemerkbar. Wenn der Motor zwar funktioniert, aber unrund läuft, können Sie daraus folgern, dass Sie derzeit Ihre Liebe ungleichmäßig verteilen. Hilfreiche Fragen dazu wären: „Schenke ich mir selbst dieselbe Dosis Zuwendung wie anderen?" „Wer fordert von mir so viel Zuwendung, dass ich auf mein Wohlbehagen vergesse?" „Was bereitet mir Freude und Lust? Warum tue ich das so wenig oder gar nicht?"

Kommt es zu einer Totalblockierung des Motors, die Ihren Wagen zum absoluten Stillstand zwingt, spiegelt das Ihre im Augenblick total verschlossene Liebesbereitschaft. Die Botschaft lautet: „Halt, so bitte nicht mehr weiter." Und die Frage dazu: „Vor wem verschließe ich mein Herz?" „Wem vergebe ich nicht?"

Ein Beispiel:
Sie sind (unbewusst) davon überzeugt, nicht liebenswert zu sein, weil Sie sich für zu dick, zu dünn, zu alt, zu hässlich, zu arm, zu schüchtern, zu dumm oder zu ...? halten. Diese von Traurigkeit, Wut oder Trotz aufgeladene Überzeugung ist nichts anderes als ein Gedanke. Ein geistiger Schöpfungsakt, der sich in Ihrem Leben in einer Kette von Entsprechungen verwirklicht.

Wenn Sie nun all diese Spiegelbilder genau betrachten und Verantwortung dafür übernehmen „Aha, ICH hole mir dieses Ereignis, ICH bewirke dieses oder jenes, ICH bin es, der/die so (negativ) denkt", kommen Sie Ihrer geistigen Fehlhaltung schon näher. Wenn Sie dann zusätzlich noch

- Ihren Wagen ansehen
  (der schmutzig und mit kaputtem Motor dahin vegetiert)

- Ihren Wohnbereich betrachten (der geputzte Fenster
  und ein paar Schnittblumen auf dem Tisch nötig hätte)

- Ihre körperliche Verfassung überprüfen
  (das Herz schmerzt, sticht, drückt)

- sich Ihren Zimmerpflanzen zuwenden
  (deren Blätter immer mehr verwelken)

- und Ihren Hund bemerken (der mit stumpfem Fell
  und traurigen Augen auf der Türmatte liegt),

sind Sie Ihrer Negativität schon sehr, sehr nahe. Das Formulieren des Gedankens, der all das Sichtbare verursacht, ist eigentlich nur mehr die Draufgabe. Sämtliche aufgezählten Dinge rund um Sie *spiegeln allein IHRE Überzeugung, nicht liebenswert zu sein. Die Lieblosigkeit liegt daher in Ihnen selbst!*

Zurück zum Motorschaden. Allgemein würde ich sämtliche Defekte, die am Motor unserer Autos auftreten, mit „Defekten" in unserer Liebeswelt gleichsetzen. Je nachdem wie groß oder gering der Schaden ist, so groß oder gering können Sie Ihr momentanes Abweichen von der Liebe (zu sich selbst, zu einer bestimmten Person, zu Ihrer Arbeit, zu Ihren Eltern, zu Ihren Freunden oder Hobbys usw.) einschätzen. Ein genaueres Hinsehen, welcher Teil des Motors es ist, der nicht mehr richtig funktioniert, würde natürlich ein noch aufschlussreicherer Hinweis dafür sein, in welchen speziellen Punkten Ihres Lebens derzeit Lieblosigkeit regiert, anstatt Liebe. Damit möchte ich mich zu einem späteren Zeitpunkt noch gründlicher auseinandersetzen, da dies ein größeres technisches Verständnis voraussetzt, als ich es derzeit besitze.

Ölverbrauch

Je älter das Auto, desto höher der Ölverbrauch – das ist eine bekannte Tatsache. Ich erinnere mich an meine ersten beiden Gebraucht-Wagen, die unersättliche Ölschlucker waren. Bei jedem zweiten Auftanken musste ich auch einen Liter Öl nachfüllen lassen. Analog auf meinen damaligen Bewusstseinszustand übertragen, würde die Entschlüsselung dieses Spiegelbildes etwa so lauten: Meine damalige Geisteshaltung war „alt" (= überholt, bezog sich fast ausschließlich auf meine triste Vergangenheit mit Partnern) und deswegen benötigte ich für meine Lebenssituation in der Gegenwart extrem viel „geistig-seelische Schmierung" (= extrem viel Öl). Mein erstes großes Liebeserlebnis mit meinem Verlobten Heinrich (Name geändert) beschäftigte mich nach unserer Trennung monatelang. Es hatte sich als fürchterliche Enttäuschung entpuppt. Nach fünf gemeinsamen Jahren wieder allein, sehnte ich mich über alle Maßen nach Streicheleinheiten, die mir mein Vater, meine Freundinnen und Bekannten hätten schenken sollen. Von den Menschen in meiner Umgebung erwartete ich einen übersanften Gesprächston, was natürlich oft nicht klappte.

Der hohe Ölkonsum meiner ersten beiden Autos machte mich auf meine hohen Ansprüche aufmerksam, die ich an meine Mitmenschen hatte: Sie sollten mir jene „Streicheleinheiten" (= Schmierung) entgegenbringen, die ich mir selbst verweigerte.

Sogar von Fremden erhoffte ich mir eine Überdosis Freundlichkeit und Zuwendung. Meine Enttäuschung hatte ich selbst (!) damit schon vorprogrammiert, ohne zu ahnen, weshalb und warum es so schmerzte. Meine beiden Gebraucht-Ölschlucker hielten mir meine Überzeugung vor Augen, dass „Zuwendung von außen kommen muss, von den anderen – und nicht von mir selbst."

Den (zu hohen) Ölverbrauch Ihres Autos würde ich auf Ihre Geisteshaltung umgemünzt mit zu hohen Ansprüchen an Ihre Mitmenschen gleichsetzen. Sie erwarten zu viel und sind dann enttäuscht. Sie glauben, dass jeder Mensch jederzeit liebevoll mit Ihnen umgehen muss. Sie erwarten, dass Sie jeder sympathisch findet. Konflikten weichen Sie gerne aus, weil es Ihnen hart und lieblos vorkommt, wenn jemand anderer Meinung ist und diese lautstark vertritt. Sie erwarten mit einem Wort, dass die „Schmierung" (Sanftheit, liebevoller Umgang, Zärtlichkeit, Behutsamkeit), die Sie so dringend benötigen, von außen kommt.

Ihr Wagen zeigt Ihnen mit seinem enormen Ölverbrauch, was SIE brauchen: enorm viele Streicheleinheiten und ein Übermaß an liebevoller Zuwendung.

Das ist in Ordnung. Nur funktioniert es anders. Von außen (vom Leben, von Ihren Mitmenschen) kommen erst dann Streicheleinheiten, Zuwendung und Behutsamkeit auf Sie zu, wenn Sie sich selbst jeden Tag streicheln und Sie sich behutsam und liebevoll jene Zuwendung beweisen, die Sie sich von anderen wünschen.

Wenn Ihnen Ihr Auto zu hohen Ölverbrauch signalisiert, halte ich folgende Fragen für angebracht: „Womit könnte ich mir heute eine kleine Freude bereiten? Womit kann ich mich zärtlich stimmen? Was verhilft mir zu einer Streicheleinheit? Was könnte ich jetzt sofort tun, um mir selbst liebevolle Zuwendung zu beweisen?"

Räder / Reifen

Räder und Reifen dienen der Fortbewegung. Demnach spiegeln Ihnen sämtliche Fehler und Defekte daran immer einen „Fehler", einen Trugschluss in Ihrer Vorgangsweise, Ihrem Weiterkommen und Ihrem Fortschritt, und zwar in einer bestimmten, aktuellen Angelegenheit. Würde sich zum Beispiel an Ihrem Wagen ein Rad lockern, dann könnte die nächste Ausfahrt für Sie sehr gefährlich werden. Analog dazu müsste es irgendwo in Ihrem Leben zur gleichen Zeit, wie sich das Rad lockert, eine ähnliche Situation geben. In einer bestimmten Angelegenheit geraten Sie in Gefahr, wenn Sie auf dieselbe Art wie bisher vorgehen.

Ihr Auto spiegelt Ihnen durch ein locker gewordenes Rad, dass Sie mit jemandem (mit wem?) auf andere Weise (lockerer!) umgehen sollen, als Sie es bisher taten.

Sie können das locker gewordene Rad durchaus als Hinweis nehmen, selbst ein bisschen lockerer zu werden. Welche bestimmte Angelegenheit es ist, die ein anderes Verhalten von Ihnen erfordert, können Sie leicht erfahren: Es ist die erste, die Ihnen jetzt in den Sinn kommt.

Theoretisch könnten Sie mit Ihrem Auto auch unbereift fahren. Natürlich würde niemand auf diese Idee kommen, aber zwecks leichteren Verständnisses, was die Reifen im übertragenen Sinn bedeuten, wollte ich das schon erwähnen. Die Reifen dienen als Puffer zwischen den Rädern und dem Boden, auf dem Sie fahren. Die Luftfüllung in einer Hartgummihülle fängt die vielen kleinen Unebenheiten des Bodens ab, garantiert eine gute Haftung, ermöglicht auch ein sicheres Befahren von größeren Hindernissen, wie Schlaglöchern zum Beispiel, und erleichtert das Fortbewegen im Allgemeinen. Wenn Sie an eine Pferdekutsche von früher denken, deren Räder aus purem Holz bestanden, werden Sie verstehen, was ich Ihnen näher bringen möchte: Dass ein Reifendefekt an Ihrem Wagen einerseits auf Ihre Vorgangsweise in einem ganz bestimmten Punkt hindeutet und dass in dieser ganz bestimmten Angelegenheit zusätzlich noch ein Problem mit Ihrem Wertgefühl bestehen kann.

Wenn Sie zu wenig Luft in den Reifen haben, dann können Sie zwar fahren, aber Sie brauchen mehr Kraftstoff. Im analogen Sinn würde das heißen, dass Sie irgendwo in Ihrem Leben zwar vorankommen, aber zu viel Energie investieren. Sie bemühen sich um etwas über alle Maßen und das ist ein Zeichen dafür, dass Sie sich nicht für wertvoll genug finden, sich's leichter zu machen. Wenn Ihre Reifen zu viele Atü Luft beinhalten, wird das Risiko größer, dass sie bei einem Hindernis (Stein, Grube, Schlagloch, scharfe Kurve usw.) platzen. Die wichtige Pufferfunktion, die ein angenehmes, sicheres Vorankommen ermöglicht, wird durch zu großen Druck in den Reifen dezimiert. Sie spüren es unangenehm deutlich, wenn Sie auf holprigen Straßen unterwegs sind. Und nun auf die geistige Einstellung des Fahrers übertragen: In einem bestimmten Bereich seines Lebens erntet er beachtliche Fortschritte durch viel persönlichen Einsatz. Er hat sich durchgesetzt oder eine bestimmte Sache mit Feuereifer durchgedrückt. Und jetzt will er auf dieselbe Art und Weise noch mehr erreichen. Wenn nun ein Reifen platzt, während er auf der Autobahn unterwegs ist, wäre das ein Spiegelbild für ein geistiges „Halt! Ich stehe unter schrecklichem Druck. So komme ich nicht mehr weiter."

Wenn Sie einen Reifenschaden erleben, überdenken Sie bitte Ihre momentane Lebenssituation und speziell diese bestimmte Angelegenheit (welche?), in der Sie anders als bisher vorgehen sollten: langsam, bedächtig, gemächlich – ohne Druck! Wenn Sie noch tiefer gehen, können Sie vielleicht Ihr inneres Verbot aufspüren, das Sie veranlasst, der Mühelosigkeit des Seins zu misstrauen. Es IST möglich, sämtliche Ziele auch auf einfache Art und Weise zu erreichen! Wenn Sie Ihr inneres Verbot aufheben (Übung in vier Schritten) und sich in Folge darauf einstimmen, dass Sie zu Ihrem Ziel (welches?) wie von selbst geführt und getragen werden, hat der Reifenplatzer seinen spirituellen Sinn für Sie erfüllt.

Scheibenwischer / Windschutzscheibe

Was bedeutet es und welche Botschaft könnte dahinterstehen, wenn die Scheibenwischer Ihres Autos streiken oder die Windschutzscheibe durch einen Steinschlag Risse bekommt?

Sämtliche Hindernisse, die sich an der Frontscheibe Ihres Wagens zeigen, sind Spiegelbilder von Hindernissen in Ihrem Denken, die Ihre Voraussicht oder Ihre (mangelnde) Vorsicht betreffen.

So wie in Ihrem Wagen die Sicht nach vorne beeinträchtigt ist, so getrübt ist momentan Ihr Blick auf eine bestimmte Lebenssituation (welche?). Sie weigern sich, hinzuschauen und möchten auch in Zukunft nichts damit zu tun haben. Sich einer gegebenen Tatsache (welche?) zu stellen, ängstigt Sie. Sie lehnen unbewusst etwas ab (was oder wen?), was dennoch ein Teil Ihres derzeitigen Lebens ist. Es kann auch sein, dass Sie sich wegen eines zukünftigen Ereignisses (welches?) sorgen, von dem Sie möchten, dass es niemals eintreten soll.

Nehmen wir an, Sie fahren auf der Autobahn, geraten in ein heftiges Gewitter und bemerken, dass die Scheibenwischer Ihres Wagens kaputt sind. Der Regen versperrt Ihnen total die Sicht. Sie müssen anhalten. Über die Windschutzscheibe ergießt sich ein Vorhang aus Wasser. Diese Tatsache kann Ihnen sofort an Ort und Stelle eine Selbsterkenntnis schenken, wenn Sie sich folgende Fragen beantworten: „Was wollte ich bisher nicht sehen? Worauf bin ich jetzt gezwungen zu schauen?" Wenn Sie nur noch Wasser vor Augen haben, das in Bahnen über die Scheiben läuft, liegt der Vergleich mit Tränen, die über ein Gesicht laufen, nahe. „Welcher Kummer bedrückt mich? Was weint in mir? Mit wessen Tränen will ich nichts zu tun haben?“ wären noch mehr konstruktive Fragen, wenn die Scheibenwischer Ihres Autos streiken.

Eine verschmutzte Windschutzscheibe zeigt dem Lenker zwar auch ein Spiegelbild, das seine Klarsicht betrifft, nur deute ich tote Mücken, Schmutzflecken, Farbspritzer und eine Grauschicht vor Augen anders. Jemand, der mit seinem Auto losfährt, ohne sich vorher einer guten Sicht zu vergewissern, tappt auch anderswo in seinem Leben lieber im Dunklen, anstatt für Licht zu sorgen. Wenn Sie beobachten, dass Sie die schmutzige Frontscheibe Ihres Wagens kalt lässt, könnten Sie einen Nutzen daraus ziehen. Fragen Sie sich: „Welches aktuelle Geschehen in meinem Leben will ich nicht sehen? Von wem möchte ich mich abwenden oder trennen? Was will ich lieber ungeklärt lassen, anstatt mich zu konfrontieren? Was hindert mich, in einem ganz bestimmten Punkt (welcher?) zu handeln?“

Wenn die Windschutzscheibe Ihres Autos durch irgendetwas plötzlich zertrümmert wird, dann bedeutet dieses Spiegelbild, dass Sie mit Ihrer bisherigen Sichtweise, mit Ihren Ansichten, in einem ganz bestimmten Punkt (welcher?) oder Lebensbereich (Beruf, Partnerschaft, Familie?) auf keinen Fall mehr weiterkommen. Sie brauchen eine neue Frontscheibe – analog dazu eine neue Sichtweise – in einer brennend aktuellen Angelegenheit (welche?). Fragen Sie sich: „Wen weise ich derzeit grundlos und vehement zurück? In welcher Angelegenheit verhalte ich mich stur und lieblos? Wer ist es, den ich bestrafen will? Wo und wann bin hart und kalt?“

Auch Zukunftsängste können sich in der Windschutzscheibe Ihres Wagens zeigen – zum Beispiel als permanente Staubschicht. Befürchtungen und Sorgen sind negative, geistige Schöpfungsakte, deren Folgen sich nicht nur an Ihrem Auto spiegeln, sondern überall in Ihrem Leben. Es ist kein Wunder, wenn Sie dann alles Schöne rundherum durch einen Graufilter sehen, im wahrsten Sinne des Wortes. Sie blicken zwar nach vorn durch ein staubiges Glas, aber die Farbenpracht rundherum geht dabei verloren. Genauso steht es um Ihre gedankliche Grundtendenz: Sie denken zwar voraus, aber Fröhlichkeit, Lust und Freude fehlen.

Fragen Sie sich: „Womit mache ich mir selbst das Leben schwer? Wer oder was belastet mich zur Zeit? Um wen sorge ich mich über alle Maßen? Wer verbietet mir meine Lebenslust?"

Sitze

Ein Bekannter schwärmte mir unlängst von den superharten Sitzen in seinem neuen Wagen vor: „Da gibt nichts nach!", meinte er. Andererseits schwelgte meine Freundin in höchsten Tönen von der weichen Polsterung und der elastischen Rückenlehne in ihrem Auto. Die Begeisterung für harte oder weiche Sitze im eigenen Auto ist natürlich eine analoge Aussage über den Wagenbesitzer. Im ersten Beispiel haben wir es mit einer Person zu tun, die ihren einmal gefassten Entschlüssen treu bleibt, also wenig Spielraum für fließende Alternativen zulässt. „Da gibt nichts nach!", bedeutet im weitesten Sinn: „Ich lasse mich auf keinerlei Spekulationen ein. Lieber richte ich mich nach meinen Erfahrungen. Ich bleibe konsequent meiner eigenen Linie treu." Hingegen deutet eine Vorliebe für weiche, elastische Sitzbänke auf eine flexible Persönlichkeit hin. Die Vielfalt der Möglichkeiten rundherum wird wahrgenommen. Spontan kann die eigene Meinung in Frage gestellt werden, wenn sich eine neue Alternative zeigt. Die Person schätzt also nicht nur beim Sitzkomfort Elastizität, sondern auch im Denken.

Was zeigt Ihnen nun Ihr Auto im Spiegel, wenn Sie mit den Sitzen in Ihrem Wagen nicht mehr zufrieden sind? Was bedeutet es, wenn jedes Mal Ihr Rücken nach einer längeren Ausfahrt schmerzt, weil Sie schlecht gesessen sind? Ich denke, dass Ihnen die Entschlüsselung mittlerweile schon leicht fällt. Schreiben Sie bitte Ihre Deutung auf, bevor Sie weiterlesen.

Wenn Sie bisher eine Vorliebe für harte Sitzbänke hatten, entspricht das den oben beschriebenen Prinzipien der Konsequenz, der Unbeirrbarkeit, der Fixiertheit auf gemachte Erfahrungen. Sollten Sie nun beobachten, dass Ihr Rücken immer öfter schmerzt, je länger Sie mit Ihrem Auto unterwegs sind, oder dass Sie auf Ihrem Fahrersitz herumrutschen, weil Sie irgendwie schlecht sitzen, oder Sie sich immer öfter einen Polster unter den Po schieben, dann heißt das auf Ihr Bewusstsein übersetzt, dass Sie generell im Begriff sind, flexibler und weicher zu werden. In Ihrem Leben gibt es derzeit eine ganz bestimmte Angelegenheit, wo Sie mit Ihrer festgefahrenen Meinung nichts ausrichten. Mit Unbeirrbarkeit kommen Sie dort (Wo? Mit wem?) nicht mehr weiter. Ich bin sicher, dass Ihnen jetzt sofort einfällt, welche Angelegenheit es ist, die Offenheit für mehrere Lösungsmöglichkeiten von Ihnen fordert und Sie ermuntert, weich zu reagieren.

Umgekehrt kann es sein, dass Sie die weiche Polsterung in Ihrem Auto plötzlich nicht mehr leiden können. Dieses Spiegelbild zeigt ebenfalls einen Wechsel der Prinzipien in Ihrer Geisteshaltung an. In einem bestimmten Punkt, oder auch in mehreren, wird „Härte" von Ihnen verlangt. In einer bestimmten Angelegenheit sollen Sie Ihre Linie beweisen und andere Meinungen außer Acht lassen (Wo? Mit wem?). Sie sollen sich behaupten und an Ihren Entscheidungen festhalten.

Spiegel

„Was will ich an mir nicht sehen?", ist die Kernfrage, die Sie sich immer stellen können, wenn Sie mit kaputten Spiegeln konfrontiert werden – ob an Ihrem Auto oder in Ihrem Badezimmer. Die Seitenspiegel an Ihrem Wagen haben die Aufgabe, Ihnen zu zeigen, was sich hinter Ihnen etwas weiter weg abspielt. Im Innen-Rückspiegel sehen Sie eher das unmittelbare Geschehen hinter Ihrem Wagen, aber Sie können auch Ihr Gesicht darin sehen. Wenn es nun passiert, dass eines Morgens ein Rückspiegel an Ihrem Auto fehlt oder beschädigt wurde, sind Sie einer blitzschnellen Selbsterkenntnis mehr als nahe. Ich möchte an dieser Stelle noch einmal daran erinnern, wie irreführend es für das Entschlüsseln der Botschaft ist, wenn Sie nach dem „bösen Täter" fahnden, der Ihren Spiegel geklaut hat. Der Auslöser für ein Ereignis ist für die tiefere Aussage des Spiegelbildes irrelevant. Tatsache ist, dass plötzlich ein Rückspiegel fehlt und nur darauf sollten Sie sich konzentrieren.

Fragen Sie sich: „Welche Geschichte aus meiner Vergangenheit will ich nicht sehen? Mit welcher Angelegenheit habe ich mich noch nicht ausgesöhnt? Welcher Person will ich auf keinen Fall begegnen? Was genau habe ich mir noch immer nicht verziehen?"

*Kaputte oder fehlende Rückspiegel fordern Sie auf,
ein bestimmtes Ereignis aus Ihrer Vergangenheit zu klären,
mit dem Sie noch nicht im Reinen sind.*

Fehlt der Außenspiegel rechts, dann fehlt Ihr aktives Engagement, die alte Geschichte endlich zu bereinigen. Sie wehren sich dagegen, die Sache selbst in die Hand zu nehmen. Sie wollen nicht wahrhaben, dass Sie in dieser Angelegenheit der/diejenige sind, der/die etwas tun soll. Fehlt der Außenspiegel links oder ist er kaputt, dann wollen Sie ebenfalls nicht auf einen bestimmten Punkt Ihrer Vergangenheit zurückblicken. Nur ist es in diesem Fall so, dass Sie aktiv kaum etwas tun können. Ein Festbeißen in der Analyse, warum Ihnen das passiert ist (was genau war es?), bringt Ihnen keine Erleichterung. Eher sollten Sie sich auf die Richtigkeit allen Geschehens einstimmen und vertrauen, dass dieses Ereignis gut für Sie war.

Den gewohnten Blick in den Innenspiegel, bevor ich mit meinem Auto aus der Garage fahre, deute ich als Kontrolle im allgemeinen: „Bin ich heute O.K.?" Natürlich meine ich damit nicht nur meinen fröhlichen Blick, sondern auch meine seelisch-geistige Verfassung: „Habe ich mich auf den heutigen Tag gut eingestimmt? Welcher ist heute mein Lieblingsgedanke?"

Ist der Innenspiegel ständig von einer Staubschicht bedeckt, über die Sie großzügig hinwegsehen, dann macht es Ihnen analog dazu nichts aus, wenn Sie kein klares Bild von sich selbst besitzen. Diese Aussage gilt übrigens für alle schmutzigen Spiegel, auch für jene in Ihrer Wohnung. Wen es nicht stört, sich selbst tagtäglich durch einen Graufilter zu sehen, dem macht es im übertragenen Sinn genauso wenig aus, die eigene Seele unter einer Staubschicht zu belassen. Fragen Sie sich: „Was genau will ich an MIR nicht wahrhaben? Welche meiner Eigenschaften verurteile ich an mir selbst? Welches meiner Bedürfnisse unterdrücke ich am allermeisten? Wonach sehne ich mich insgeheim?"

Sollten Sie auf einmal Lust bekommen, sämtliche Spiegel zu reinigen oder die alten durch neue zu ersetzen, dann sind Sie gleichzeitig auch innerlich bereit, sich endlich selbst klar sehen zu wollen. Wundern Sie sich nicht darüber, wenn Sie plötzlich eine klärende Aussprache mit Ihrem Vorgesetzten in die Wege leiten oder sich zu einer Entschlackungskur aufraffen.

Solche Aktionen sind auch bloß Folgen Ihres gedanklichen Entschlusses, erstens ihr eigenes Spiegelbild zu akzeptieren und zweitens ein neues zu schaffen, zu dem Sie fröhlich und aufrichtig ja sagen können.

Noch ein paar Gedanken zu verdreckten oder beschädigten Fensterscheiben. Die analoge Aussage betrifft zwar auch das „Nicht-klar-sehen-Wollen" irgendeines Umstandes, der im Moment besonders aktuell in Ihrem Leben ist, nur handelt es sich vordergründig nicht um Ihre eigene, persönliche Erscheinung. Wer durch schmutzige Scheiben blickt und sich daran nicht stößt, schaut genauso gelassen mit getrübtem Blick voraus, ohne sich dessen bewusst zu sein. Das eigene Leben wird wie durch eine Grauschicht gesehen und erfahren. Es ist ein Unterschied, ob Sie einen blühenden Baum durch blank poliertes Glas bewundern oder durch eine rußbedeckte Scheibe. Machen Sie sich bewusst: Da ist ein blühender Baum, nur ICH bin es, dem/der es egal ist, seine Pracht zu sehen. Und auf Ihre derzeitige Lebenseinstellung übertragen: Da ist mein einziges, wunderbares Leben und trotzdem bin ich es, der/die sich dessen Pracht und Herrlichkeit verweigert.

Starter

Mit Hilfe des Starters setzen Sie den Motor Ihres Wagens in Gang. Der Startknopf ist demnach das Mittel zum Zweck, damit Ihr Auto anspringt. Wenn nun die Startvorrichtung wegen irgendeines technischen Fehlers streikt, dann können Sie aus diesem Spiegelbild folgende Erkenntnis gewinnen:

ICH springe in einer derzeit brandaktuellen Angelegenheit (welche?) nicht an.

Sie hoffen, Sie warten ... auf einen speziellen Auslöser, einen Kick, der Ihnen das Anspringen (= den ersten Schritt tun) und Hineinspringen ins Ungewisse erleichtert. Ihre Überzeugung, die Sache lieber abzuwarten, beruht auf Ängstlichkeit und nicht auf der bewussten Entscheidung, Geduld zu beweisen. Deswegen warten Sie, ob von irgendwoher jemand (wessen Hilfe erwarten Sie?) oder etwas (was?) kommt, der/das Ihnen zum Handeln (= Anspringen) verhilft. Dasselbe spiegelt Ihnen Ihr Wagen, wenn er nicht anspringt: Sie warten auf einen kräftigen Passanten, der Ihr Auto anschiebt, im schlimmsten Fall abschleppt. Jeder Defekt beim Starten Ihres Autos weist Sie darauf hin, dass Sie sich selbst viel mehr motivieren sollten, eine bestimmte Sache endlich anzupacken. Hören Sie damit auf, von außen Hilfe zu erwarten. Der gute Engel, der das bestehende Problem meistern kann, sind Sie. Fragen Sie sich: „Wovor fürchte ich mich am allermeisten? Was ist meine größte Stärke, was kann ich am allerbesten? Wen will ich bestrafen?“

Stoßstangen

Die Stoßstangen haben die Funktion, die Front- und Heck-Karosserie vor allzu heftiger Kontaktaufnahme mit anderen Autos zu schützen. Sie dienen als Puffer und sollen den Schaden eines möglichen Zusammenpralls lindern. Die Stoßstangen sorgen also dafür, dass Ihr Auto vor der allzu stürmischen Nähe eines anderen Wagens geschützt wird. Analog dazu

handelt es sich immer um einen Fehlglauben,
der Ihre Abgrenzungsmethoden betrifft,

wenn Sie mit einem Schaden an den Stoßstangen Ihres Autos konfrontiert werden.

Nehmen wir zum Beispiel an, Sie würden die vordere Stoßstange verlieren. Dann können Sie folgenden analogen Rückschluss aus diesem Spiegelbild ziehen: In Ihrem Leben gibt es derzeit eine bestimmte Angelegenheit (welche?), die Sie auffordert, Ihre altgewohnten Schutzmechanismen (Puffer) beiseite zu lassen. Sie kommen in dieser bestimmten Sache am besten weiter, wenn Sie offen draufzugehen, mit der vertrauensvollen Einstimmung: „Hier bin ich. Was ist los?"

Wenn sich die vordere Stoßstange Ihres Wagens eine Delle einhandelt, weil Sie jemandem aufgefahren sind, können Sie dieses Spiegelbild genauso für sich selbst hinterfragen: „Wem will ich derzeit so rasch nahe kommen, dass ich all meine Bedenken über Bord werfe?" Bitte erinnern Sie sich. Der kleine Auffahrunfall ist nur ein Gleichnis für eine Denkkonstruktion, die sich in Ihrem Geist abspielt. Dieses Denkmuster spiegelt sich in allerlei konkreten Tatsachen unter anderem auch in einer verbeulten vorderen Stoßstange. Dass es sich für Sie lohnt, Ihrem unbewussten Denken auf die Spur zu kommen, beweist die Tatsache, dass Sie damit Ihrem Auto und somit auch sich selbst einen Schaden (!) zufügen, würden Sie dieses Denkschema weiterhin aufrechthalten. Vehemenz führt nicht immer zu jenem Ziel, das Sie gerne erreichen wollen. Manchmal sind Geduld und Vorsicht angebracht.

Fährt Ihnen von hinten jemand auf und die Heckstange Ihres Wagens wird eingedrückt, dann bedeutet das für Sie Folgendes: Sie lassen es zu, dass Ihnen eine (wer?) oder mehrere Personen (welche?) auf den Pelz rücken. Es ist Ihnen zwar lästig, dass Ihnen jemand (wer?) in den Rücken fällt, aber Sie wehren sich trotzdem nicht. Eine kaputte Stoßstange hinten spiegelt folgende Überzeugung des Autobesitzers: „Wenn ich Grenzen setze, werde ich bestraft." Dieser Fehlglaube ist es, der den/die Betroffene/n dazu zwingt, lieber einen eigenen „Schaden“ (Ärger, Kummer, Leid) in Kauf nehmen, als nein zu sagen. Jeder kleine Auffahrunfall spiegelt im Endeffekt diese Überzeugung. Deutlich sichtbar am eigenen Auto verwirklichen sich die Gedanken des Besitzers. Ich formuliere das Beispiel noch einmal, um die Einfachheit des Spiegelgesetzes darzustellen und weil ich mir wünsche, dass immer mehr Menschen davon profitieren.

Situation/Spiegelbild
Ein Auto fährt mir von hinten auf. Dabei wird die Stoßstange meines Wagens beschädigt.

Übersetzung
Ein Selbst (= ein Wesen, eine Person, jemand) rückt mir von hinten (= betrifft meine Vergangenheit) so nahe, dass es mir schadet.

Mein Fehlglaube
Grenzen setzen ist kein Ausdruck von Liebe. Weil ich davon überzeugt bin, lieblos zu sein, wenn ich Grenzen setze, verbiete ich mir das meinem Vater, meiner Mutter, meinen erwachsenen Söhnen, Töchtern, meinem Expartner oder ... gegenüber und nehme lieber meinen „Schaden“ (Ärger, Kummer, Frust) in Kauf.

Tank

Liebe Leserinnen und Leser, ich hoffe es wird nie der Fall sein, dass Sie eines Tages tatsächlich eine undichte Stelle im Tank Ihres Autos bemerken. Der Tank ist sozusagen der Behälter für die „Nahrung“ Ihres Wagens. Er ist das Reservoir für die richtige Mischung des Treibstoffs, den der Motor braucht, um eine optimale Leistung zu garantieren. In der Analogie entspricht der Tank Ihrem geistigen Speicher, und zwar den bewussten Inhalten. Das sind Ideen, die Sie irgendwo auffangen, Sprüche, die Sie hören, Ratschläge, die Sie befolgen, oder Gedanken, die sich in Ihrem Kopf in einer Endlosschleife wiederholen. Bitte erinnern Sie sich: Womit Sie Ihren geistigen Speicher vollfüllen, ist allein Ihre Wahl. Daher sollten Sie sorgfältig prüfen, ob Ihre besten Ideen von Selbstwertschätzung, Achtung und Liebe begleitet sind. Immerhin werden Ihre Leistungen davon beflügelt und jede Ihrer Entscheidungen davon beeinflusst.

Ein Beispiel:
Nehmen wir an, Sie fahren derzeit einen Wagen, der mit Superbenzin eine optimale Leistung erbringt. Weil Sie aber knapp bei Kasse sind, tanken Sie schon wochenlang Normalbenzin. Sie füllen also den „Nahrungsbehälter" Ihres Autos mit einem Produkt, das seine volle Leistungskraft nicht zur Geltung bringt. Analog dazu muss sich in Ihrer Geisteshaltung ein entsprechender Glaube befinden, der Sie dazu veranlasst, Ihren geistigen Speicher mit minderwertigem Durcheinander aufzufüllen. Um es noch deutlicher auszudrücken:

Sie füttern Ihren Geist oft mit dem Falschen
und verringern dadurch selbst Ihre Leistungskraft.

Der „Kurs in Wundern" sagt: Was du tust, kommt von dem, was du denkst. Deshalb halte ich es für sehr wichtig, darauf zu achten, welche Ideen und Gedanken wir in unseren geistigen „Tank" aufnehmen. Oft hören wir auf das Gerede von irgendwelchen Leuten und beschäftigen uns tagelang damit, anstatt uns auf unser Wohlbehagen zu konzentrieren. Fragen Sie sich: „Was will ich an mir nicht wahrhaben, womit möchte ich mich auf keinen Fall auseinandersetzen? Welchen Gewinn ziehe ich aus meiner Konzentration auf andere? In exakt welchen Punkten misstraue ich meiner Intuition und meinem Empfinden und horche stattdessen auf Ratschläge, Sprüche und Klatsch?

Ein Loch im Tank Ihres Autos würde bedeuten, dass Sie in Folge dessen Treibstoff verlieren. Sie sehen dann konkret gespiegelt, was sich gleichzeitig in Ihrem Wesen abspielt: „Ich verliere geistigen Kraftstoff. Ich verschwende Energie. Deshalb sollte ich mich von meinen Ängsten (über?) lösen, deshalb sollte ich mich von einer bestimmten Person (von wem?) entfernen oder zumindest meine destruktiven Gedanken über diesen Menschen erforschen und aufgeben, deshalb sollte ich überprüfen, ob ich über eine derzeit aktuelle Situation in meinem Leben (was ist es?) negativ denke. Ich raube mir damit selbst viel Kraft und bremse meine Leistungen."

Ein Defekt am Treibstoffbehälter Ihres Autos fordert Sie auf, Ihr geistiges Reservoir durchzuchecken, negative Gedanken bewusst aufzugeben und stattdessen solche Ideen zu verfolgen, die Ihre volle Schaffenskraft beflügeln.

Vielleicht hören Sie in einem bestimmten Punkt zu oft auf den Rat der anderen. Fraglos übernehmen Sie deren Gedankengut, anstatt zu fühlen, ob das auch für Sie stimmt, was der/die andere sagt und tut. Vielleicht hören Sie sich gerne Vorträge an oder besuchen allzu viele verschiedene Seminare. Das ist eine gute Sache, finde ich. Bedenklich wird das Ganze nur, wenn Sie sich in alle möglichen Richtungen verzetteln, anstatt einer – nämlich Ihrer – Linie treu zu bleiben. Ihre Linie ist jene, die Ihre besten Seiten zum Vorschein bringt und Ihre Schaffenskraft beflügelt.

10. Unfall

Liebe Leserinnen und Leser, ich möchte gleich zu Beginn dieses Kapitels vorwegnehmen, dass ich hiermit nur versuche, den spirituellen Hintergrund eines Unfalls näher zu beleuchten. Es liegt weder in meiner Absicht, die aufwendigen, oft schmerzhaften Folgen für den Betroffenen zu bagatellisieren noch diese zu verniedlichen.

Ein Autounfall ist ein sehr auffälliges Spiegelbild. Sie können daran nicht vorbeischauen oder es einfach negieren. Ein Unfall ist ein Ereignis, das Sie plötzlich und unerwartet aus Ihrer gewohnten Lebensweise herausreißt. Umso mehr, wenn Sie dabei eine Körperverletzung erleiden, die Sie monatelang ans Bett fesselt. Ohne jetzt auf die näheren Umstände einzugehen, die einen Unfall verursachen können, deute ich diesen als dringend notwendig gewordenes HALT: „So wie bisher kommst du auf keinen Fall weiter."

Ein Unfall mit Ihrem Auto ist dasselbe wie ein „Unfall"
(abruptes Stopp, plötzliche Unterbrechung)
in Ihrer Geisteshaltung.

Bitte erinnern Sie sich. Im Außen erleben Sie immer nur das, was sich (bewusst oder unbewusst) in Ihren Gedanken abspielt. Ich gebe zu, es erfordert Mut und Akzeptanz, auch das Spiegelbild „Unfall" als eigene Schöpfung wahrzunehmen und sich einzugestehen: „Ich war es selbst, der/die sich diesen Unfall geholt hat. Mein Unfall will mir etwas klar machen, will mir etwas zeigen, will mir helfen, einen neuen Weg einzuschlagen." Fragen Sie sich: „In welchem bestimmten Punkt meines Lebens brauche ich eine neue Leitidee? Womit oder mit wem habe ich mich schon lange nicht mehr wohlgefühlt?

Wovon wollte ich mich befreien? Warum tat ich es nicht? Was befürchtete ich?"

Um die tiefere Bedeutung eines Unfalls zu erspüren, finde ich es hilfreich, von den äußeren Fakten eine Weile Abstand zu nehmen.

Es ist zwar sehr verständlich, wenn Sie sich tagelang mit der rücksichtslosen Fahrweise des schuldigen Lenkers quälen, der Ihren Vorrang missachtet hat, aber das allein bringt Sie auf Dauer nicht weiter. Ihr Unfall will Ihnen ja hauptsächlich eine Wahrheit über SIE vermitteln und deswegen müssen Sie es schaffen, Ihre Konzentration auf sich selbst zu lenken: „Irgendwo in meinem Leben, in einem bestimmten Punkt (welcher fällt mir jetzt spontan ein?), einer speziellen Angelegenheit (welche?)

bewegte ich mich in eine Richtung, die mir schadet.

Diese weiterzuverfolgen, hätte meine Seele unglücklich gemacht und deswegen habe ich mir selbst ein plötzliches „Stopp!" verordnet.?

Natürlich müsste kein Unfall geschehen, damit wir einen Richtungswechsel in unserem Leben vollziehen. Ich glaube, ein Unfall passiert nur dann, wenn sich der/die Betroffene völlig im Unklaren darüber ist, wie sehr er/sie in einer bestimmten Angelegenheit vom liebevollen Weg abgewichen ist. Ohne es bewusst zu wissen, beharrte der Unfalllenker auf seiner (lieblosen) Meinung zu einer bestimmten Situation oder Person schon sehr, sehr lange. Entsprechend lieblos ging er in einem ganz bestimmten Punkt mit sich selbst um. Gott wollte das nicht mehr länger mit ansehen. Und weil Gott in jedem von uns sein

Zuhause hat, verwirklichte er sein oft und oft geflüstertes, vom Autobesitzer leider ungehörtes „Bitte innehalten. Bitte ändere dich. Bitte hab dich lieb" in einer Tatsache, die wir als Unfall bezeichnen. Manchmal wird dabei das ganze Auto (das ganze alte Selbstbild) zerstört, der betroffene Lenker arg verletzt. Das bedeutet: Analog zu diesem Ereignis erfährt der/die Betroffene eine radikale Umwandlung seines Wesens, die nicht nur von körperlichen Schmerzen begleitet ist, sondern auch von seelischen. Die unbewusste Weigerung des Ichs, sich zu verändern, hatte sich im Laufe der Zeit zu einem großen, harten Klumpen entwickelt, der sich jetzt als Ganzes schmerzhaft auflöst.

Ein Beispiel:
Herr XY ist ein äußerst erfolgreicher Geschäftsmann. Jedermann kennt ihn als tüchtigen Immobilienmakler, der in seinem Beruf aufgeht, oft bis spät abends. Sein Überengagement machte sich inzwischen bezahlt. Herr und Frau XY sowie die beiden Töchter erfreuen sich eines Traumhauses mit Garten und Swimmingpool und jedes Jahr gibt es einen Traumurlaub. Die liebevollen Einwände der Frau XY, sie würde sich viel mehr nach einem innigen Miteinander sehnen, überhört Herr XY. Das einzig Wichtige für ihn ist, noch mehr zu verdienen, um eine Insel irgendwo im Pazifik zu kaufen. Auf einer Reise zu einem Kunden erleidet Herr XY einen schweren Verkehrsunfall. Sein Wagen zeigt sich als einziger Blechhaufen. Er selbst erleidet schmerzhafte Verletzungen an der Halswirbelsäule und an beiden Beinen. Infolgedessen muss Herr XY im Krankenhaus vier Wochen lang bewegungslos auf dem Rücken liegen.

Ich denke, dass es Ihnen jetzt schon leicht fällt, das Spiegelbild des Herrn XY zu entschlüsseln. Welche Botschaft für Herrn XY verbirgt sich in diesem Unfall? Schauen wir mal hin:

Herr XY verfolgte jahrelang nur seine Karriere. Er konzentrierte sich übermäßig aufs Geldverdienen und vernachlässigte seine Frau und die beiden Töchter. Er dachte, Haus, Swimmingpool und ein großartiger Urlaub pro Jahr seien für ein inniges Miteinander genug. Stur (starr, festgefahren) blieb er bei seiner Meinung, obwohl die wiederholten Äußerungen seiner Frau um eine Veränderung flehten. Herr XY weigerte sich strikt, auf diese Stimme zu horchen. Lieber entschloss er sich, noch mehr zu arbeiten und eine eigene Insel anzupeilen. Nichts und niemand hätte ihn davon abbringen können – und dann passierte der Unfall. Freiwillig war er zu keinem Geisteswandel punkto Familienleben bereit gewesen. Jetzt wird er zum Umdenken gezwungen – nein, Herr XY zwingt sich selbst dazu, weil er selbst der geistige Erschaffer seines Unfalls war.

Wochenlang kann er seine berufliche Tätigkeit nicht mehr ausüben. Die gebrochenen Beine zwingen ihn zum Liegen. Jede kleinste Bewegung ist schmerzhaft. Außerdem hat er einen geprellten Nacken, seine Starrheit im Denken wird durch dieses Symptom deutlich sicht- und spürbar, er kann seinen Kopf weder nach links oder rechts drehen, noch ihn heben oder beugen. Die einzig freudvolle Abwechslung im Krankenhausalltag sind die Besuche seiner Frau und seiner Töchter. Herr XY kann die tägliche Besuchszeit kaum erwarten. Manchmal kommt es ihm so vor, als würde er seine Frau erst jetzt so richtig kennenlernen. Die Art, wie sie spricht und geht, wie sie ihr Haar frisiert, all das fällt ihm plötzlich auf. Mit großem Interesse hört er seinen Töchtern zu, wenn sie von der Schule berichten usw. usw.

Mit einem Wort bewirkte der Unfall des Herrn XY eine völlige Umkehr seiner bisherigen Einstellung zum Familienleben. Wofür er sich vordem am meisten engagierte, Geld, Ansehen, Erfolg, materieller Wohlstand, verlor plötzlich an Wichtigkeit. Dafür rückte jener Punkt in den Vordergrund, den er bislang beiseite geschoben hatte: Seiner Frau und seinen Töchtern liebevolle Aufmerksamkeit und echte Zuwendung zu schenken.

Vielleicht noch ein paar Worte zum Thema Schmerz. Ich bin davon überzeugt, dass körperliche Schmerzen immer mit Weigerung, Ablehnung oder Zurückweisung zu tun haben. Im Betroffenen existiert ein überaus starkes, inneres Nein zu etwas ganz Bestimmtem, obwohl die gegebene Lebenssituation für ein Ja spricht. Wenn wir das Beispiel des Herrn XY nochmals hernehmen, wird sein inneres, unbewusstes Nein mehr als deutlich. Schmerzen müssen wir dann in Kauf nehmen, wenn unser persönliches Ich eine Wandlung, ein Umdenken, einen Richtungswechsel ablehnt. Schmerzen beweisen nach meiner Erfahrung die Diskrepanz zwischen dem, was unsere Seele braucht und dem, was unser Ich anstrebt. Wenn wir uns gegen die Bedürfnisse der Seele nach Zuwendung, Mitgefühl, Freude und Begeisterung sträuben, sind wir in Wirklichkeit widerwillig, unseren Glückseligkeitshorizont zu erweitern. Lieber stellen wir vielerlei Ansprüche unseres Egos in den Vordergrund und behaupten steif und fest, auf dem richtigen Weg zu sein. Der Ruf der Seele nach Wachstum ist aber stärker. Wer also nicht freiwillig zu einer Umkehr bereit ist, wird seine Wandlung wahrscheinlich als schmerzhaften Prozess erleben.

Noch ein Beispiel:
Wenn Sie ein dickes Seil mit beiden Händen festhalten und am anderen Ende wird daran gezogen, wäre es vermutlich das Beste und Einfachste, wenn Sie das Seil loslassen. Würden Sie mit aller Kraft tagelang, monatelang, jahrelang dagegenziehen, hätten Sie schmerzhafte Wunden an Ihren Händen und Ihre Kraft würde eines Tages ganz versiegen. Wenn Sie dann immer noch nicht loslassen wollen, obwohl Sie schon ausgelaugt am Boden

liegen, machen Sie dennoch die Erfahrung des Loslassens, weil irgendwann das Seil von selbst aus Ihren Händen gleitet.

Wenn Ihre Seele nach etwas anderem ruft als Ihr persönliches Ich, beginnt sie symbolisch an Ihrem Lebensseil zu ziehen und es wäre klug von Ihnen, der Kraft am anderen Ende nachzugeben, anstatt sich durch einen Gegenzug Schmerzen einzuhandeln. Es ist immer nur Ihr Unwille – Ihr striktes Nein – es ist IHRE Weigerung, jenen Richtungswechsel in Ihrem Denken zu vollziehen, der jene Früchte in Ihr Leben bringt, die Ihre Seele erfreuen. Egal in welcher Situation Sie sich momentan befinden, können Sie sich Folgendes bewusst machen:

Es ist niemals die Situation an sich, die meine Schmerzen (Kummer, Depression, Leid, Ärger …) verursacht. Es ist immer nur meine ablehnende Haltung, mein striktes, inneres Nein zu dieser Situation, mit dem ich mir selbst Schmerz zufüge. Doch habe ich in jedem Augenblick die freie Wahl, mein Dagegen-Sträuben in Hingabe zu verwandeln.

11. Führerschein – aber kein Auto

Liebe Leserinnen und Leser, Sie wissen ja mittlerweile, dass sich dieses Buch mit Gleichnissen befasst. Es soll eine Anregung für Sie darstellen, vom gewohnten logischen Denken ins analoge Denken überzuwechseln, besonders wenn Sie mit unangenehmen Spiegelbildern zu tun haben. Alles Konkrete in Ihrem Leben entspricht Ihrer Geisteshaltung. Vorhandene Umstände und Personen sind sichtbare Spiegelbilder sowohl Ihrer bewussten Gedanken wie auch Ihrer unbewussten Überzeugungen. Das Leben verwirklicht alles, woran Sie glauben. Aber nicht, damit Sie sich bis an Ihr Lebensende darüber ärgern oder kränken, was Sie selbst herbeischaffen, sondern

damit Sie im Spiegel der Ereignisse und Personen erkennen,
wo Sie lieblos zu sich selbst
und anderen Menschen gegenüber sind.

Jede unangenehme Tatsache in Ihrem Leben hält Ihnen den Spiegel einer negativen Überzeugung vor die Nase, die SIE – wenn auch unbewusst – haben. Was immer Sie sehen und erleben, sind SIE, weil es Ihre Geisteshaltung ist, die nicht nur das Gute und Schöne in Ihrem Leben hervorbringt, sondern auch für das Unangenehme verantwortlich ist. Wie ich schon im ersten Kapitel erwähnte, halte ich es für besonders aufschlussreich, wenn Sie jene Tatsachen in Ihrem Leben entschlüsseln, die negative Gefühle in Ihnen entfachen – Ärger, Zorn, Neid, Eifersucht, Trotz oder Wut. Wenn Sie sich zum Beispiel darüber ärgern, dass Sie zwar einen Führerschein besitzen, aber immer noch kein eigenes Auto, dann lohnt sich ganz bestimmt ein beherzter Blick um hundertachtzig Grad. Denn dann muss es in Ihrer Geisteshaltung einen Gedanken geben, der verhindert, dass Sie Autobesitzer sind. Halt. Ihre Ausrede, Sie hätten zu wenig oder gar kein Geld, um ein Auto zu kaufen, kann ich leider nicht gelten lassen. Sie fragen, warum? Weil Ihr Geldmangel ja auch nur eine konkrete Folge jenes unbewussten Fehlglaubens ist, der den Besitz eines eigenen Wagens verhindert. Anstatt sich nur darüber zu grämen, dass Sie immer noch keinen fahrbaren Untersatz Ihr Eigen nennen, könnten Sie etwas anderes tun. Sie könnten versuchen, jene lieblosen Gedanken zu artikulieren, die bis jetzt verhinderten, dass Sie Autobesitzer sind, und diese in Folge dessen aus eigenem Entschluss aufgeben. Fragen Sie sich: „Was befürchte ich als Autobesitzer/in am allermeisten? Wovor drücke ich mich?" Die nachfolgende Fragenliste möge Ihnen noch mehr auf die Sprünge helfen:

Übung zum Aufspüren unbewusster Gedanken:
Bitte vollenden Sie die folgenden Sätze spontan.

1. Ich hätte gerne ein Auto der Marke ....
   in der Farbe ....

2. Mein Vater (Bruder, Freund) sagt,
   das beste Auto sei ein ....

3. Mein Wunschauto besitze ich derzeit nicht,
   weil ich ....

4. Viele sagen, es sei besser, heutzutage kein eigenes Auto zu haben, weil ....

5. Für mich ist es wahrscheinlich besser, ohne eigenes Auto zu sein, weil ....

6. Autos sind ....

7. Folgende Negativworte gebrauche ich manchmal für alte Gebrauchtwagen: ....

8. Zu mir passt überhaupt kein eigenes Auto, weil ....

9. Würde ich ein eigenes Auto besitzen, dann ....

10. Meinen Führerschein habe ich gemacht, weil ....

Notieren Sie bitte Ihre Antworten und lesen Sie Ihre Aufzeichnungen später noch einmal durch. Unterstreichen Sie alles, was Ihr inneres Nein zu einem eigenen Wagen bestätigt. Machen Sie sich klar, dass Sie selbst damit verhindern, Autobesitzer zu sein. Erinnern Sie sich? Im Außen erleben Sie all das, was in Ihrem Inneren vor sich geht. Sie sind es, der/die bestimmte Umstände und Tatsachen herbeiführt – durch Ihre (negative) Geisteshaltung, die sich allzu oft nach der (negativen) Meinung anderer Personen orientiert.

Was bedeutet es nun aus spiritueller Sicht, wenn jemand einen Führerschein besitzt, aber kein eigenes Auto? Der Führerschein ist ein Dokument, das zum Lenken eines Kraftfahrzeuges berechtigt. Mit der bestandenen Prüfung beweist die Person ihre Fähigkeit, ein Auto zu manövrieren.

Analog auf die spirituelle Ebene übertragen, bedeutet

der Besitz des Führerscheins die vorhandene Fähigkeit, dem eigenen Leben die gewünschte Richtung geben zu können.

Die Betonung liegt auf dem Wort „Fähigkeit", was gleichzusetzen ist mit dem Wort Berechtigung. Aus spiritueller Sicht ist ein Führerscheinbesitzer also jemand, der innerlich – in Geist und Seele – reif genug ist, das Lebenslenkrad selbst in die Hand zu nehmen. Wenn nun trotz dieser spirituell bereits vorhandenen Fähigkeit – im Außen bestätigt durch die erfolgreich bestandene Führerscheinprüfung – kein eigenes Auto vor der Haustür parkt, dann können Sie folgenden Rückschluss auf die betroffene Person ziehen:

Viele Begabungen, Talente, Fähigkeiten und Wesenszüge liegen brach. Die betroffene Person nützt davon nur ein Mindestmaß, wahrscheinlich gerade so viel, dass „man halbwegs gut über die Runden kommt". Im Inneren schlummert viel unausgelebtes Potential, warten unzählige neue Möglichkeiten, die das eigene Leben bereichern würden. Meinem Empfinden nach leiden Führerscheinbesitzer ohne eigenes Auto an tiefsitzenden Befürchtungen, welche die Verwirklichung vieler Begabungen schon im Keim ersticken.

Eine Führerscheinprüfung bestanden zu haben,
aber kein Auto zu fahren, ist im Grunde dasselbe,
als wenn Sie schwimmen können,
aber nie ins Wasser springen.

Die wirklichen Hindernisse für ein solches Verhalten sind nicht die gegebenen Umstände. Das wirkliche Hindernis sind die Negativ-Urteile der betroffenen Person über sich selbst: „Wer nimmt mich schon wahr? Was sollte ich, kleiner Wurm, für Talente besitzen? Ich kann überhaupt nichts bewirken. Es ist Schicksal, dass mir alles misslingt."

Ich kenne mehrere Führerscheinbesitzer, die mit ihrem autolosen Dasein glücklich sind. Im analog übertragenen Sinn bedeutet das: „Ich bin zufrieden damit, dass ich zu vielem imstande wäre, aber ich mag nicht. Viele meiner Talente lasse ich ungenützt, aber das ist in Ordnung." Wenn Sie nicht zu diesem Personenkreis gehören und Sie zum Beispiel der Neid packt, weil Ihr Nachbar schon wieder ein neues Auto fährt, Sie aber noch immer keines Ihr Eigen nennen, dann sollten Sie dieses Spiegelbild bewusst anschauen. SIE sind es, der eine Bremse (negative Einstellung) in seiner Geisteshaltung hat, und diese verhindert, dass Sie Autobesitzer sind. Ihre neidischen Gefühle wollen Sie nur darauf aufmerksam machen, endlich Ihren Fehlglauben zu erkennen, der für Ihr bisheriges Ohne-Auto-Dasein verantwortlich ist.

Vielleicht denken Sie:

In der Großstadt traue ich mich auf keinen Fall ans Lenkrad.
Bei den Rowdies, die heutzutage unterwegs sind, setze ich mich in kein Auto!
Ich kann mir kein Auto leisten.
Mir ist die Verantwortung einfach zu groß, ich schaffe das nicht.
Meine FS-Prüfung liegt schon sieben Jahre zurück, jetzt fange ich nicht mehr mit dem Autofahren an!
Hätte ich ein eigenes Auto, müsste ich ja meine (Mutter, Vater, Geschwister, Oma usw.) herumkutschieren – nein danke!

All diese und ähnliche Gedanken sind Schöpfungsakte mit dementsprechenden Folgen. Sie schaffen damit die entsprechenden Umstände (zum Beispiel kein Geld für ein Auto), die verhindern, dass Sie Autobesitzer werden. Ich habe es schon mehrmals erwähnt, halte es aber für wichtig, nochmals darauf hinzuweisen:

Nicht die äußeren Lebensumstände sind schuld an Ihrer Autolosigkeit, sondern die äußeren Umstände ergeben sich, weil SIE die entsprechenden Gedanken dafür aussenden.

Das Gesetz von Ursache und Wirkung können Sie nicht nur an Ihrem Auto beobachten, sondern auch an Ihrem Körper, in Ihrem Berufsleben, in der Partnerschaft und an Ihrer Freizeitgestaltung. In den Tatsachen rund um Sie spiegeln sich immer nur Ihre Gedanken, sehen Sie Ihren Glauben bestätigt und erleben Sie Ihre Überzeugungen als dementsprechende Spiegelbilder. An anderen Personen kann Ihnen nur das missfallen, was SIE verurteilen, können Sie immer nur erblicken, wie SIE denken, können Sie nur empfinden, was SIE fühlen.

Zusammenfassung

- Im analog übertragenen Sinn bedeutet der Besitz des Führerscheins die Fähigkeit, dem eigenen Leben die gewünschte Richtung geben zu können.

- Die bestandene Prüfung steht analog für die innere Reife, das eigene Potential an Begabungen, Talenten, Charakterzügen und Eigenschaften gezielt einsetzen zu können.

- Nachdem das eigene Auto dem eigenen Selbst entspricht, tritt das eigene, verwirklichte Selbst bei Führerscheinbesitzern ohne eigenen Wagen nur zum Teil in Erscheinung. Im Inneren der betroffenen Person schlummern Wesenszüge und Charaktereigenschaften, liegen Begabungen und Fähigkeiten brach.

- Es ist völlig in Ordnung, den Führerschein zu haben, aber kein eigenes Auto – solange die betroffene Person damit zufrieden und glücklich ist.

- Anders sieht die Sache aus, wenn negative Emotionen wie Ärger, Zorn, Neid usw. wegen der eigenen Autolosigkeit hochkommen. Dann lohnt es sich für den/die Betroffene/n, die Ursache dafür in der eigenen Geisteshaltung zu suchen. Emotionen zeigen sich dann, wenn etwas Bestimmtes aus uns herauswill! Eine bestimmte Eigenschaft will endlich gelebt werden, ein spezielles Talent will endlich genützt werden, eine besondere Begabung will endlich gefördert werden.

- Nicht die äußeren Umstände sind dafür verantwortlich, dass kein eigenes Auto in Sicht ist, sondern die hinderlichen Umstände sind konkrete Folgen der eigenen Fehlgedanken.

12. Kein Führerschein – kein Auto

Heutzutage fast schon eine Rarität – und doch kenne auch ich ein paar Leute unter fünfzig, die weder Führerschein noch Auto besitzen. In diesem Kapitel, wie auch in den vorigen, geht es nicht um eine Beurteilung der gegebenen Tatsachen. Es ist gut, es ist schlecht, es ist richtig, es ist falsch, die Fahrschule zu besuchen, eine Prüfung zu machen und ein Auto zu kaufen. Ich spreche in diesem Buch immer nur von Gleichnissen. Die vorhandenen Tatsachen im Leben des Einzelnen sind konkrete Spiegelbilder seiner geistigen Welt, sind seine manifestierten Gedanken, Überzeugungen und Glaubenssätze. Ich denke, dass meine Leserinnen und Leser das inzwischen als wahr anerkennen.

Weder Führerschein noch Auto – eine Tatsache, die ich wie folgt deute: Der Gedanke, eine Lenkerberechtigung zu erwirken, fehlt offensichtlich im Leben des Betroffenen. Aus irgendeinem Grund befolgt jemand den Glauben, sein Leben ohne Führerschein und ohne Auto zu meistern. Wie ich im vorigen Kapitel ausführte, ist die erfolgreich bestandene Lenkerberechtigungsprüfung ein symbolisches Spiegelbild für die innere Reife, sich selbst in die gewollte Richtung lenken zu können. Wenn nun jemand keinen Führerschein hat, würde das im analogen Sinn bedeuten, dass die innere Berechtigung fehlt, sich selbst und somit das eigene Leben bewusst zu steuern.

Der/die Betroffene verwehrt sich
aus irgendeiner Fehlüberzeugung heraus
die „Chefrolle" in seinem/ihrem Leben.

Ich habe beobachtet, dass Personen ohne Führerschein und Auto oft übertrieben hilfsbereit sind und sich über alle Maßen um das Wohl der anderen kümmern. Andere wiederum lassen sich gerne treiben. Wie Blätter im Wind trifft man sie mal hier und mal dort an. Ohne viel Überredungskunst kann man diese Menschen ablenken oder von der eigenen Meinung überzeugen. Im Grunde suchen diese Menschen jemanden, der ihnen Struktur und Halt gibt. Man erhofft sich im Außen, was im Inneren fehlt: eine Führungskraft, die das Lebens-Lenkrad in die Hand nimmt. Personen ohne Führerschein und Auto lassen sich gerne von anderen herumkutschieren. Sie benützen daher im analogen Sinn sowohl die Berechtigung (= Führerschein) wie auch das Selbst (= das Auto) einer anderen Person, um sich gut, stark, sicher und geborgen zu fühlen. Der/die Betroffene enthebt sich durch das Mitfahren mit anderen aus der Eigenverantwortung, und zwar nicht nur beim Autofahren, sondern generell in seinem/ihrem Leben. Entweder benötigt man ständig eine zweite Person (oder mehrere) um sich, weil nur das Allerwenigste alleine und selbstständig bewerkstelligt wird, oder man macht sich selbst bei anderen Menschen unentbehrlich. Wer sich ununterbrochen mit dem Leben anderer beschäftigt, braucht seine eigenen Talente nicht zu entdecken. Personen ohne Führerschein und Auto leben das eigene, wahre Selbst kaum oder gar nicht aus. Es versteckt sich hinter einer dicken Mauer von Befürchtungen und Selbstablehnung.

Ich habe weiters beobachtet, dass sich Personen ohne Auto und Führerschein oft über alle Maßen ins Zeug legen, um aus der Masse der Gewöhnlichkeit hervorzustechen, aber nicht durch ihre einzigartigen Begabungen, die im Inneren schlummern, sondern durch Ersatzhandlungen. Ich kenne zum Beispiel einen Herrn (ohne Führerschein und Auto), der seine Kunst rühmt, so viele Frauen wie möglich zu verführen. Gleichzeitig natürlich, aber ohne dass die Frauen voneinander wissen. Besagter Herr macht jeder einzelnen Dame die gleichen Hoffnungen, ohne sie wirklich zu erfüllen. Ein anderer autoloser Bekannter sitzt Tag und Nacht vor seinem Computer, um ein besseres Programm für sein Institut auszuarbeiten, obwohl er von der Betriebsleitung gar keinen Auftrag dafür bekam. Eine führerschein- und autolose Freundin verdient sich Geld und Bewunderung, indem sie drei kaum zu bändigende Riesenhunde aus der Nachbarschaft gleichzeitig mit drei Leinen spazieren führt.

Durch angestrengtes Suchen nach Bestätigung, Bewunderung und Anerkennung durch andere Leute versucht der/die Betroffene, seinen/ihren Hunger nach Bestätigung, Bewunderung und Anerkennung von außen auszugleichen, anstatt dort zu beginnen, wo die fehlende Selbstachtung und die geringe Selbstliebe wirklich gestillt werden können: in der eigenen, glücklichen Seele.

Meiner Ansicht nach leiden Menschen ohne Führerschein und Auto an mangelndem Selbstwertgefühl. Dieses Mangelempfinden („Ich bin unwichtig, ich bin dieses oder jenes nicht wert, mich will keiner“ oder Ähnliches) ist die Folge liebloser Überzeugungen, an denen der/die Betroffene unerschütterlich festhält. Wie sollte sein/ihr wirkliches Selbst (= Auto) dann in Erscheinung treten können? Im Außen kann immer nur das sichtbar werden, was innen ist. Wenn in der Geisteshaltung einer Person ein negativer Glaube (an die Schlechtigkeit der Welt, an ein böses Schicksal, an die eigene Wertlosigkeit etc.) regiert, dann verwirklichen sich im Leben dieser Person dementsprechende negative Tatsachen. Wenn jemand davon überzeugt ist, er sei (wegen seiner Körperfülle, wegen seiner Schulden, wegen seiner Glatze, wegen seines Sprachfehlers usw., nicht liebenswert, dann wird er sich diesem Fehlglauben entsprechend verhalten. Das ist weder richtig noch falsch, es ist einfach so. Nur sollte er sich weder beschweren noch leid tun, weil niemand in Sicht ist, der ihn liebt.

Zusammenfassung

- Personen ohne Führerschein und Auto verweigern sich selbst zwei Tatsachen: die Berechtigung, das eigene Leben in die gewünschte Richtung zu lenken; Selbstausdruck und Selbstverwirklichung.

- Die Ursachen für diese unbewussten Verbote finden sich in der Geisteshaltung der Betroffenen. Der falsche Glaube an die eigene Wertlosigkeit spielt dabei eine große Rolle. Die fehlende Selbstachtung und -bewunderung wird im Außen gesucht. Das bringt zwar kurzfristige Erfolge, langfristig fehlt jedoch nach wie vor die innere Erlaubnis, das eigene Wesen in seiner ganzen Pracht auszudrücken.

- Wenn einer Person Führerschein und Auto fehlen, so spiegelt das Außen bloß das wider, was sich (unbewusst) in der Geisteshaltung des/der Betroffenen abspielt: „Ich habe nicht das Recht, mein Leben selbst dorthin zu steuern, wohin ich will“ und „Ich darf mich nicht zeigen, so wie ich wirklich bin – sonst würde etwas Furchtbares (was fällt mir ein?) passieren.“

- Es ist in Ordnung, weder Führerschein noch einen eigenen Wagen zu besitzen, solange jemand damit zufrieden ist.

- Wenn Sie eines Tages den Wunsch verspüren, eine Fahrschule zu besuchen und in weiterer Folge ein Auto zu kaufen, könnten Sie sich gratulieren: „Ich bin soeben dabei, mir eine sehr wichtige Erlaubnis zu schenken. Ich nehme jetzt mein Recht in Anspruch, mein Leben selbst zu steuern. Ich darf jetzt mein wahres Wesen ausdrücken und verwirklichen.“

13. Fahrrad, Moped, Motorrad

Am besten beginne ich mit einem Beispiel. Mein Sohn Thomas besitzt einen Suzuki Swift, eine Honda 750 und ein Mountain-Bike. Das Auto benützt er hauptsächlich für Einkäufe oder um Freunden beim Umzug zu helfen. Auf sein Motorrad schwingt er sich meistens dann, wenn er sich entspannen will. Kurvenreiche Bergstraßen bescheren ihm Glücksgefühle, sagt er. Das Fahrrad verwendet er sowohl als Fortbewegungsmittel wie auch für Kunststücke (Springen, auf dem Hinterrad fahren usw.), und zwar unabhängig von der Wetterlage, bei Regen und bei Sonnenschein.

Ob Auto, Motorrad oder Fahrrad – entspricht das jeweils benützte Fahrzeug dem Selbst des Besitzers. Wenn nun jemand zwei oder drei Fahrzeuge abwechselnd verwendet, dann spiegelt auch diese Tatsache seinen Bewusstseinszustand, also seine momentan aktuellen Überzeugungen. Mit seinen drei Fahrzeugen verleiht mein Sohn seinem vielschichtigen Wesen Ausdruck, was in Worten formuliert etwa so klingen würde:

„Mein Wesen ist vielseitig (drei Fahrzeuge). Ich habe jederzeit die Freiheit der Entscheidung, welchem Wesenszug von mir ich heute Vorrang gebe (Auto = Zweck und Vernunft, Motorrad = ist Herausforderung und Entspannung oder Fahrrad = pure Lebensfreude, inneres Kind). Ich lege mich niemals fest. Ich entschließe mich spontan im Augenblick. Ich lebe meine Vielseitigkeit begeistert aus. Ich tue das, was für mich richtig ist – nicht, was andere für richtig halten."

Diese zur Zeit dominierenden Eigenschaften zeigen sich natürlich nicht nur an Thomas' Auto, Motorrad oder Fahrrad, sondern überall in seinem Leben. Und deswegen finde ich es so faszinierend, Menschen an ihren Fahrzeugen erkennen zu können. Würde mich zum Beispiel jemand zu einer Spazierfahrt mit einer verbeulten Rostlimousine einladen, die mit Altpapier voll gestopft ist und Bremsflüssigkeit verliert, wüsste ich sofort, mit wem ich es zu tun habe. Mir wäre klar, dass sich die Geisteshaltung des Autobesitzers nicht nur an seinem Wagen spiegelt, sondern auch im Beruf, in der Partnerschaft, in der Freizeitgestaltung, im Freundeskreis und seiner Familie gegenüber.

Sehen wir uns nun das Motorrad meines Sohnes an. In vielen Arbeitsstunden hat er die kunstvollen Motive auf der Verkleidung selbst entworfen. Kaum jemandem gelingt es, daran vorbeizuschauen. Die wirkliche Geheimbotschaft, die er damit verkündet, ist leicht zu entschlüsseln: „Seht her, ich bin anders. Ein Teil meines Wesens (= mein Motorrad) gibt sich mit dem sogenannten „Normalen" nicht zufrieden! Ich finde meine eigene Linie, stehe zu meinem eigenen Schönheitsideal." Diese Gedanken wirken. Es sind (unbewusste) Überzeugungen, die konkrete Tatsachen hervorrufen. Wenn jemand dem sogenannten „Normalen" wenig abgewinnen kann, dann sieht man diese Überzeugung nicht nur am fahrbaren Untersatz gespiegelt, sondern genauso am Wohnbereich, am Freundeskreis, im Beruf und an der Kleidung. Und deshalb befürworte ich nochmals

den bewussten Blick auf unsere Fortbewegungsmittel.
Weil wir daran unsere Lebenseinstellung
in ihrer Gesamtheit erkennen.

Auf Thomas' Motorrad befindet sich nur ein Sitz. Die Zweierbank hat er voriges Jahr ausgewechselt. Er benützt seine Maschine hauptsächlich zur Entspannung. Volle Konzentration auf schwierig zu fahrende Kurven lassen ihn alles andere vergessen, meint er. Diese Spiegelbilder deute ich wie folgt:

EIN Teil seines inneren Selbst ist vollkommen autonom (Einsitzer). Dieser Wesensteil braucht niemanden, fühlt sich alleine am wohlsten, übernimmt keinerlei Verantwortung für andere Personen. Mein Sohn muss demnach die Überzeugung haben:

Ich bin nur für mich selbst verantwortlich. Dieser autonome Wesenszug meines Sohnes fordert sein Recht: Ich brauche die Herausforderung, manchmal die Gefahr. Das tut mir gut.

Dieser Einstellung entsprechend, die da im Spiegel seiner Honda deutlich erkennbar wird, agiert und reagiert mein Sohn natürlich auch mir gegenüber, im Berufsleben und in Liebesbeziehungen.

Ein tiefer Blick auf das Fahrzeug unseres Gegenübers
beschert uns immer ein Stück Menschenkenntnis,
so wie uns der Blick auf unseren eigenen fahrbaren Untersatz
immer ein Stück Selbsterkenntnis schenkt.

Das Mountain-Bike meines Sohnes sieht wie ein Spielzeug-Fahrrad aus. Es wirkt eher klein und zart und besitzt einige Extras, die man für Kunststücke benötigt. Dafür fehlt das Zweckmäßige. Kein Licht, keine Kotflügel, kein Radständer. Die analoge Botschaft ist leicht erkennbar: In Thomas' innerem Wesen gibt es einen kindlich-verspielten Bereich, der alles Vernünftige ablehnt. Wie meine Leserinnen und Leser bestimmt wissen, trägt jeder Mensch ein inneres Kind in sich. Das ist jener Teil des eigenen Selbst, der uns unbekümmert und ewig jung sein lässt. Mit seinen Kunststücken auf dem Mountain-Bike verwirklicht mein Sohn seine Verspieltheit, obwohl er fünfundzwanzig ist, im Gegensatz zu vielen anderen Erwachsenen, die ihr inneres Kind lieber der Vernunft opfern. EIN Teil seines inneren Selbst ist also ein kleiner Junge, der sein Recht auf Vergnügen voll auskostet. Die Überzeugung: „Ich bin glücklich, wenn ich Spaß habe und Unfug treibe! Das ist mein gutes Recht“ ist natürlich nicht nur im Spiegel seines

Fahrrades sichtbar, sondern wirkt generell in seinem Leben. In seinem Beruf als Erzieher und Streetworker zum Beispiel ist er sehr dahinter, dass seine Schützlinge genug Spaß haben. Er hat vollstes Verständnis, wenn sie mal über's Ziel hinausschießen und Unfug treiben. Genauso gern albert er mit Andrea, seiner allerliebsten Freundin. Es ist mir jedes Mal eine Freude, diese beiden großen „Kinder" miteinander blödeln und lachen zu sehen.

Zusammenfassend würde ich sagen, dass sich das innere Wesen meines Sohnes momentan in drei Haupt-Teilen zeigt, die im Spiegel seiner Fahrzeuge sichtbar werden:

Teil 1 AUTO (Peugeot 304, orange, Schiebedach, Diesel)
Ich bitte meine geschätzten Leserinnen und Leser, darüber in den vorigen Kapiteln nachzulesen.

Teil 2 MOTORRAD (Yamaha R6, Zweisitzer)
Überzeugung: „Ich bin autonom. Ich bin frei. Ich brauche niemanden. Ich schätze die Herausforderung, manchmal die Gefahr. Ich habe mein eigenes Schönheitsideal."

Teil 3 FAHRRAD (Mountain-Bike, einige Extras)
Überzeugung: „Ich habe das Recht auf Spaß und Vergnügen. Zum Glücklich-Sein braucht man keine Vernunft."

Was bedeutet es nun, wenn jemand nur ein Motorrad oder nur ein Fahrrad besitzt? Sie können durchaus jedes Fahrzeug als Spiegelbild des Selbst deuten, ob es vier Räder hat oder nur zwei. Die Aussage bleibt die gleiche: Das jeweilige Fortbewegungsmittel entspricht sowohl der Seele des Besitzers wie auch seiner derzeit aktuellen Geisteshaltung. Gleichgültig, wohin Sie schauen – Sie können sich selbst in allem und jedem gespiegelt sehen.

Falls Sie jetzt, am Ende dieses Buches, immer noch daran zweifeln, möchte ich Ihnen mit einem letzten Beispiel, dem Gespräch zweier Freundinnen, auf die Sprünge helfen:

„Ach, sieh mal diese wunderschöne Distel dort!" „Wie bitte? Meinst du etwa dieses stichelige Unkraut?" „Noch nie habe ich eine Distel so traumhaft schön blühen sehen!" „Scheußlich diese Farbe. Ist weder blau noch rot." „Den Anblick werde ich nie vergessen, mir geht das Herz dabei auf." „Komm jetzt endlich. Was begeistert dich bloß an dieser mickrigen Staude?"

In einer Distel, in meinem Auto, in meinem Fahrrad, in meinem Partner, an meiner Wohnung, an meinem Haustier, an meinem Nachbarn kann ich mich immer nur selbst erkennen. Weil ICH es bin, der/die in einer Distel, an meinem Wagen, an meinem Fahrrad, in meinem Partner, an meiner Wohnung, an meinem Haustier oder in meinem Nachbarn etwas Schönes oder etwas Hässliches sieht. Es sind immer nur meine Gedanken, die schön oder hässlich sind. Es sind immer meine Überzeugungen, die aus meinem Leben ein Kunstwerk oder einen Flop entstehen lassen. Es ist wahr, dass sich in meinem Leben das verwirklicht, woran ICH glaube und wovon ICH überzeugt bin. Gott hat mir die Freiheit des Geistes und die Fähigkeit zur Manifestation geschenkt. Er hat mir die dieselbe Macht verliehen wie sich selbst. Und deshalb muss es so sein, dass ich mich selbst in jedem Menschen, der mein Gegenüber ist, erkennen kann, vorausgesetzt, ich will MICH sehen.

Nachgedanken

Den Blick um hundertachtzig Grad zu wenden, erschien mir früher wie eine Mutprobe. Denn es war nicht immer angenehm, MEINE Überzeugungen konkret vor Augen zu haben und sie trotzdem als die MEINEN zu akzeptieren. Heute gelingt es mir meistens schon an Ort und Stelle, meinen Gedanken zu formulieren, der die gegebene (unangenehme) Situation hervorgerufen hat. Ich habe gelernt, Verantwortung für die Ereignisse in meinem Leben zu übernehmen und bin mir darüber bewusst, dass ich diejenige bin, die mein Leben selbst so gestaltet, wie es ist. Deswegen bedanke ich mich auch bei meinem Kaktus, weil er heuer schon zum dritten Mal blüht. Er spiegelt mir, dass sich ein stacheliger Teil von mir soeben in eine blühende Schönheit verwandelt. Manchmal streichle ich die Motorhaube meines Autos. Das ist mein Dank für seine Verlässlichkeit, für seine Sparsamkeit und für sein pfiffiges Aussehen. Na ja, im Grunde danke ich mir selbst, weil ich es an MIR schätze, was ich da gespiegelt sehe: Ich habe mich in eine innerlich blühende Schönheit verwandelt, kann mich auf mich selbst verlassen, sehe für mein Alter ziemlich pfiffig aus und kann mit wenig Mitteln das Beste hervorbringen.

Spiegelbild – Auto

In vier einfachen Schritten können Sie die Botschaften Ihres Wagens entschlüsseln, Ihre Neugierde für alternative Methoden vorausgesetzt. Grundsätzlich gilt Folgendes:

Ihr Auto „tut" etwas, es macht etwas sichtbar, das Sie sich eingestehen und erlauben sollten. Je nachdem, WIE Sie die Schäden, den Unfall, die Defekte und Störungen beschreiben … können Sie daraus folgern, auf der richtigen Fährte zu sein, weil Sie die Wahrheit immer nur in Ihren eigenen Worten finden können. Jeder Defekt oder Schaden an Ihrem Wagen bringt Ihnen letztlich immer ein „Geschenk" der Selbsterkenntnis. Verblüffende Rückmeldungen von Autobesitzern wie auch meine eigenen Erfahrungen mit fahrbaren Untersätzen bestätigen seit vielen Jahren, dass das Spiegelgesetz überall wirkt. Nicht nur an Personen, Tieren oder Krankheitssymptomen spiegeln sich unsere Bewusstseinsinhalte, sondern auch an Elektrogeräten, am Computer, am Handy und natürlich am Auto! Alles Geistige hat die Tendenz, sich in konkreten Tatsachen zu verwirklichen. Wenn Sie zum Beispiel die Nase voll haben von Ihrer letzten Beziehung und Ihrem Gefährten absolut nicht vergeben wollen … kann es durchaus sein, dass Sie im Rückwärtsgang eine Absperrung (Blockade) rammen, weil Sie den Schranken einfach nicht sehen konnten (wollten). Entschlüsselung: Das Auto tut etwas, es erlaubt sich etwas, dass Sie sich zugestehen bzw. eingestehen sollten -> Aha. Ich soll noch einmal zurückschauen, auf das Hindernis (Groll) in meinem Geist und in meinem Herzen, um ihm/ihr zu vergeben!

Die Spiegelbilder unserer Autos sind wirklich leicht zu entschlüsseln, weil sie sehr klar und sofort sichtbar sind. Nachfolgend die vier Schritte der Spiegelgesetz-Methode® nach Christa Kössner:

Schritt 1 **BESCHREIBEN**

Schritt 2 **AKZEPTIEREN UND ENTSCHLÜSSELN**

Akzeptieren:

Aussprechen: Ich selbst habe dieses Ereignis mit meinem Auto hervorgerufen, um eine Wahrheit über mich selbst zu erfahren.

Entschlüsseln:

a) Finden der wahren Botschaft (mein Geschenk):
In den Worten meiner Beschreibung finde ich jene Eigenschaften und Verhaltensweisen, die ich gutheißen und bejahen soll.

b) Finden des negativen Glaubenssatzes, mit dem ich mir selbst verbiete, obgenannte Eigenschaften und Verhaltensweisen auszuleben.
Hilfefrage: Was an diesen Eigenschaften ist gefährlich oder schlecht?

Schritt 3 **DANKEN UND AUFGEBEN**

a) *Danken:*
Ich danke meinem Auto für das Geschenk einer Selbsterkenntnis.

b) *Aufgeben:*
Ich schreibe meinen negativen Glaubenssatz auf und verbrenne den Zettel mit Worten des Dankes.

Schritt 4 **NEUE IDEE**

Wo in meinem Bewusstsein früher ein falscher Glaubenssatz festsaß, ist jetzt ein großer, freier

Raum. Und dort hinein, in dieses Vakuum, pflanze ich jetzt eine neue Idee, einen Gedanken, einen Leitspruch, der mein Herz erfreut und der sich infolgedessen in meinem Leben an konkreten Tatsachen widerspiegelt!

Wahre Beispiele

Josef

Schritt 1 – BESCHREIBEN
Ich fuhr auf der Stadtautobahn mit Tempo 80 km/h in der dritten Spur. Ohne ersichtlichen Grund wurde mein Wagen immer langsamer, bis schließlich der Motor ganz aussetzte. So war ich gezwungen, auf dem Pannenstreifen anzuhalten.

Schritt 2 – AKZEPTIEREN UND ENTSCHLÜSSELN

a) *Akzeptieren:*
   Ich mache mir bewusst und spreche laut aus, dass ich dieses Ereignis selbst verursacht und damit gebraucht habe, um zu einer Selbsterkenntnis zu gelangen.
b) *Entschlüsseln:*
   - *Entschlüsseln der wahren Botschaft (Geschenk):*
     Mein Wagen machte sichtbar, was ich mir nicht eingestehen möchte. Ich halte offenbar mein Lebenstempo nicht ein (3. Spur) und benötige eine Pause (Motor stirbt ab). Ich soll sofort innehalten (Pannenstreifen). Zusammenfassung der entschlüsselten, wahren Botschaft -> Pause machen, innehalten, besinnen.
   - *Entschlüsseln des negativen Glaubenssatzes, der dagegenspricht:*
     Ich befinde mich gerade vor einem Berufswechsel und soll als Allroundkraft in einem Altersheim arbeiten, das von meinem besten Freund geleitet wird. Dort soll ich,

wenn möglich, rund um die Uhr einsatzbereit sein … Mein negativer Glaubenssatz -> Wenn ich das Angebot ablehne, indem ich innehalte und mir ein paar Wochen Pause zum Nachdenken gönne … verliere ich meinen besten Freund.

Schritt 3 – DANKEN UND AUFGEBEN

a) *Danken:*
Ich spreche vor mir selbst Worte des Dankes aus. Mein Auto zeigte mir zwei ineinander verstrickte Gedanken auf, die ich jetzt klar und deutlich erkennen kann.

b) *Aufgeben:*
Ich schreibe meinen als falsch erkannten, negativen Glaubenssatz und meine Gedanken dazu auf einen Zettel und verbrenne diesen mit einem Dankgebet.

Schritt 4 – NEUE IDEE

Wo vormals ein falscher Gedanke festsaß, befindet sich jetzt ein freier Platz in meinem Bewusstsein. Und dort hinein pflanze ich jetzt eine neue Idee oder eine Affirmation, die mir hilft und die in meinem Leben dementsprechende Tatsachen hervorbringt -> *Ich bin ehrlich zu mir selbst und zu meinem besten Freund.*

Reinhard

Schritt 1 – BESCHREIBEN

Meine Freundin und ich hatten unsere Räder mit der Bahn zum Urlaubsort geschickt. Der Rücktransport verlief katastrophal, denn beide Räder trafen schwer beschädigt in Wien ein.

Beim Herrenrad war die Gangschaltung kaputt. Das Damenrad komplett fahruntüchtig. Schaltung defekt, Hinterrad verbeult, Licht aus und viele Kratzer auf dem Lack.

Schritt 2 – AKZEPTIEREN UND ENTSCHLÜSSELN

a) *Akzeptieren:*

Wir übernehmen jetzt die Verantwortung für dieses Geschehen. Wir haben das Ereignis selbst verursacht und vermutlich auch gebraucht, um Wahrheiten über unsere Beziehung gespiegelt zu sehen.

b) *Entschlüsseln:*

- *Entschlüsseln der wahren Botschaft (Geschenk):*
  Unsere Räder zeigten auf, was wir uns beide nicht eingestehen wollten: Bis zu diesem Urlaub war unsere Beziehung in Ordnung gewesen (Hintransport der Räder war okay). Aber dort muss etwas Gravierendes zwischen uns beiden vorgefallen sein, da wir nach den zwei Wochen offenbar nicht mehr dieselben waren (Rücktransport, beide Räder kaputt, verbeult, anders als vorher). Zusammenfassung der entschlüsselten, wahren Botschaft -> Wir haben uns verändert, unsere Beziehung hat sich verändert.
- *Entschlüsseln der negativen Überzeugung, die gegen diese Veränderung spricht:*

Er: Um sie zufriedenzustellen, spielte ich die Rolle des braven Hausmannes, obwohl ich lieber frei sein möchte. In einer Partnerschaft muss man seine eigenen Bedürfnisse zurücknehmen.

Sie: Um ihn an mich zu binden, war ich nur noch auf Klammern eingestellt. Kontrolle ist besser als Vertrauen.

Schritt 3 – DANKEN UND AUFGEBEN

a) Danken:

So seltsam es klingt … unser Dank gebührt unseren beiden Fahrrädern, die unsere falschen Gedanken und die damit verbundenen Rollen in der Partnerschaft ans Tageslicht gebracht haben.

b) *Aufgeben:*
Wir schreiben unsere lieblosen Glaubenssätze auf und verbrennen die Zettel mit einem kurzen Dankgebet.

Schritt 4 – NEUE IDEE
Wo vormals falsche Überzeugungen festsaßen, die gegen Veränderungen in einer Partnerschaft wirkten, befindet sich jetzt ein freier Platz. Und dort hinein pflanzen wir jetzt neue Ideen oder Affirmationen, die uns helfen, die gegebene Veränderung (oder auch Trennung) zu meistern ->
Er: Ab jetzt achte ich mehr auf meinen Freiheitsdrang!
Sie: Ich bin bereit, meinem Freund zu vertrauen.

Günther

Schritt 1 – BESCHREIBEN
Mein neuer, roter Golf wurde mir am helllichten Tag gestohlen! Und zwar auf einem bewachten Parkplatz in Bratislava! Meine sofortige Anzeige und sämtliche Recherchen blieben erfolglos.

Schritt 2 – AKZEPTIEREN UND ENTSCHLÜSSELN
a) *Akzeptieren:*
Ich übernehme jetzt die Verantwortung für dieses Ereignis, zumindest meine Mitbeteiligung kann ich als denkendes Wesen akzeptieren.
b) Entschlüsseln:
- *Entschlüsseln der wahren Botschaft (Geschenk):*
Auffällig ist für mich das Wort „gestohlen“ = weggenommen. Aus den Augen, aus dem Sinn, einfach weg! Mein neues Selbstbild ist weg … (Auto = Selbst). Offenbar passte es (noch) nicht zu mir (roter Golf, neu). Zusammenfassung der wahren, entschlüsselten Botschaft -> Ich

habe mich mit fremden Federn geschmückt! Habe mich meinen Eltern gegenüber anders (ruhig, angepasst) präsentiert, als ich wirklich bin.

- *Entschlüsseln der negativen Überzeugung, die dagegenwirkt:* Was ist daran verboten, wenn sich jemand mit „fremden Federn" schmückt, indem er sich einen tollen Wagen zulegt? Was daran ist schlecht oder gefährlich? Antwort: Protz, Angeber, Neureicher!! Na und? Dann ist man halt ein Protz oder Angeber … Was ist so schlimm daran? Antwort: Mit so einem will man nichts zu tun haben, man ignoriert ihn! Negative Überzeugung: Mit meinem neuen roten Golf werde ich ignoriert und insgeheim beschimpft.

Schritt 3 – DANKEN UND AUFGEBEN

a) *Danken:*
Ich danke für dieses Ereignis, ich habe es offensichtlich gebraucht, um meine Angepasstheit zu erkennen – obwohl ich innerlich ganz anders bin. Da brennt ein Feuer!

b) *Aufgeben:*
Ich schreibe meine negative Überzeugung auf ein Blatt Papier und vergrabe es an einem schönen Platz in der Natur mit einem Dankgebet.

Schritt 4 – NEUE IDEE

Wo vormals ein falscher Gedanke festsaß, befindet sich jetzt ein freier Platz in meiner gedanklichen Welt. Und dort hinein pflanze ich jetzt eine neue Idee oder eine Affirmation, die mir hilft, mich immer öfter so zu präsentieren, wie mir zumute ist – und mich auch in Richtung „roter Golf" weiterzuentwickeln. Es geht also um mein neues, wahres Selbstbild!
Mein inneres Feuer darf jetzt aufleben!

Christiane

Schritt 1 – BESCHREIBEN

Mein Auto hatte einen „Unfall“, obwohl ich gar nicht anwesend war! So seltsam das auch klingt.

Ich parkte meinen Wagen vor dem Haus meines damaligen Freundes. Am nächsten Morgen traute ich meinen Augen nicht! Mein Auto sah ich zwischen einem LKW und einem Jeep eingeklemmt. Stoßstangen, Motorhaube und Kofferraum waren ziemlich beschädigt. Mein Auto war regelrecht zusammengedrückt worden!

Schritt 2 – AKZEPTIEREN UND ENTSCHLÜSSELN

a) *Akzeptieren:*
   Dieser Vorfall will mir etwas sagen. Ich akzeptiere das Spiegelbild „zusammengedrücktes Auto“ als zu mir gehörig.
b) *Entschlüsseln:*
   - *Entschlüsseln der wahren Botschaft (Geschenk):*
     In meiner Beschreibung fällt mir am meisten das Wort „zusammengedrückt“ auf. Aha. Ich will mir nicht eingestehen, dass ich es zulasse, zusammengedrückt zu werden. Irgendetwas nimmt mir die Luft! DAS ist mein Geschenk! Es stimmt. Die derzeitige Situation in meiner Partnerschaft passt genau dazu. Zwei Personen, mein Freund und dessen Mutter, drücken auf mein Gemüt, ich fühle mich von beiden so oft in die Enge getrieben (zusammengedrückt) und tue nichts!
   - *Entschlüsseln der negativen Überzeugung, die gegen mein Handeln wirkt:*
     Was ist schlecht oder gefährlich daran, wenn ich mich gegen meinen Freund und dessen Mutter wehre?
     Wenn ich Klartext spreche? Antwort: Dann ist es aus.
     Na und? Dann ist die Beziehung halt beendet …

Und ich habe als Partnerin wieder einmal versagt.
Mein negativer Glaubenssatz: Der Mann bestimmt in der Partnerschaft.

Schritt 3 – DANKEN UND AUFGEBEN

a) *Danken:*
Danke für das Spiegelbild „zusammengedrücktes Auto" und für die wertvolle Selbsterkenntnis.

b) *Aufgeben:*
Ich verinnerliche ein letztes Mal meinen negativen Glaubenssatz, den ich als falsch für mich erkannt habe. Danach verbrenne ich ihn mit einem Dankgebet.

Schritt 4 – NEUE IDEE

Wo vormals ein liebloser Glaubenssatz festsaß, befindet sich jetzt ein freier Platz in meiner geistigen Welt. Und dort hinein pflanze ich jetzt eine neue Idee, einen herzerfrischenden Gedanken, der sich in meinem Leben in konkreten Tatsachen verwirklichen möge -> Mann und Frau sind gleichberechtigt.

Konrad

Schritt 1 – BESCHREIBEN

Meine Frau und ich wollten gerade abreisen, deswegen parkte ich meinen Wagen in der Hoteleinfahrt, um die Koffer zu verstauen. Endlich damit fertig, streikte plötzlich der Starter! Nach etlichen erfolglosen Versuchen schoben uns zwei Passanten von der Einfahrt auf die Straße.

Schritt 2 – AKZEPTIEREN UND ENTSCHLÜSSELN

a) Akzeptieren:
Der Starterdefekt will mir etwas sagen und deswegen über-

nehme ich jetzt die Verantwortung für die Situation.

b) Entschlüsseln:

- *Entschlüsseln der wahren Botschaft (Geschenk):*
  Auto = Ich. Aha, ich will/kann nicht starten, kann nicht losfahren. Ich bin blockiert. Das stimmt, wenn ich an unsere Ehe denke. Meine Frau und ich haben in diesem Urlaub viel über eine neue Form unserer Beziehung diskutiert. Sie will mehr Freiraum, ich nicht. Die wahre Botschaft des streikenden Starters sagt mir, dass ich mich dagegen weigere! Ich will unsere Ehe so belassen, wie sie ist.
- *Entschlüsseln der dagegensprechenden, negativen Überzeugung:*
  Welcher Gedanke in mir spricht gegen eine Veränderung in meiner Ehe? Was ist so schlimm daran, wenn ich meiner Frau mehr Freiraum zugestehe? Antwort: Dann findet sie womöglich einen anderen, besseren Mann und ich habe versagt. Na und, wie würde es dann weitergehen? Antwort: Ich bin allein. Finde keine Frau mehr. Bin zu alt, um mich auf eine andere Frau einzustellen. Negative Überzeugung: Mit 60 ist der Zug abgefahren, dann gibt es nur noch Einsamkeit.

Schritt 3 – DANKEN UND AUFGEBEN

a) Danken:

Danke, kaputter Starter. Ich habe begriffen, wer es ist, der absolut nicht in einen Neuanfang starten möchte.

b) Aufgeben:

Ich mache mir meine negative Überzeugung ein letztes Mal so richtig bewusst und gestehe mir meine eigene Starrheit ein. Danach verbrenne ich meine Notizen mit einem Dankgebet.

Schritt 4 – NEUE IDEE
Ich stelle mir meine gedankliche Welt als großes Reservoir vor, das mit unzähligen Inhalten, die wie bunte Seifenblasen aussehen, gefüllt ist. Wo vormals ein liebloser Glaubenssatz in einer schwarzen Seifenblase festsaß, befindet sich jetzt ein freier Platz. Und dort hinein pflanze ich jetzt eine neue Idee, einen hilfreichen Gedanken, der mir hilft, meine Angst vor Veränderungen in der Partnerschaft zu besiegen -> Von Tag zu Tag gelingt es mir besser, dem steten Wandel in meinem Leben zu vertrauen.

Schlusswort

An dieser Stelle möchte ich meinen Leserinnen und Lesern danken, weil Sie viel Neugierde und eine bemerkenswerte Portion Offenheit für das Spiegelgesetz bewiesen haben, das nicht nur an Personen, Tieren, Pflanzen oder Krankheitssymptomen wirkt, sondern auch an unseren fahrbaren Untersätzen. Und bevor Sie das nächste Mal ausrasten, weil Ihnen ein rücksichtsloser Autofahrer den Vorrang genommen hat, halten Sie bitte inne. Den Vorrang kann Ihnen nur dann jemand nehmen, wenn SIE sich selbst den Vorrang (=Vorzug) verweigern. Danken Sie dem besagten Autolenker, der Ihre Vorfahrt missachtet hat! Er hielt Ihnen bloß den Spiegel vor Augen, indem Sie sich selbst erkennen durften.

Was immer mit Ihrem Auto geschieht, ist ein Gleichnis.

Es ist dasselbe, das sich zu diesem Zeitpunkt in Ihrer gedanklichen Welt abspielt, in Ihrer Partnerschaft, in Ihrem Berufsleben und/oder auf Ihrem Bankkonto. Mit ein bisschen Mut und gutem Willen können Sie es leicht schaffen, die wahre Botschaft Ihres Autos zu entschlüsseln – indem Sie die vier Schritte der Spiegelgesetz-Methode von Christa Kössner® anwenden. Sie brauchen deswegen kein Guru zu sein, es sind keinerlei Vorkenntnisse dazu nötig. Beschreiben Sie das, was Ihnen an Ihrem Auto zu schaffen macht, notieren Sie möglichst in Eigenschaftswörtern den Schaden und notieren Sie kurz, was genau geschehen ist. Danach fragen Sie sich: „In welchem Lebensbereich spielt sich derzeit so etwas Ähnliches ab? Und was genau will ich mir nicht eingestehen, nicht zugestehen, nicht erlauben?“ Im Grunde genügt eine ehrliche Selbstbefragung, um auf den Kernpunkt -> Entschlüsseln des dagegensprechenden, negativen Glaubenssatzes – zu gelangen, der immer mit einer Weigerung oder Befürchtung Ihrerseits zu tun hat.

Danken Sie möglichst oft Ihrem Auto für seine treuen Dienste. Aus herkömmlicher Sicht ist es vielleicht nur ein Fortbewegungs- oder Transportmittel. Aus spiritueller Sicht jedoch handelt es sich bei Ihrem Wagen um einen perfekten Spiegel Ihrer selbst.

Ihre Christa Kössner

Anhang

Christa Kössner darf zufrieden und dankbar auf Ihr bislang verwirklichtes Autorinnenpotenzial blicken. Zum Thema „Spiegelgesetz“ schrieb sie bis dato zehn Bücher (und ein Hörbuch), die sich sehr großer Beliebtheit erfreuen (teilweise in englischer und tschechischer Übersetzung). Außerdem entwickelte sie mit bemerkenswertem Erfindergeist zwei Spiele (Glaubenssatz-Spiel und Freizeit-Spiel). Ihre Kreativität findet ebenso Ausdruck in bunten Spruchbild-Postkarten (Set 24 Stück) und in einer überaus humorvollen Vision der Nichtraucherkampagne (Buch: Geliebter Glimmstengel). Zeit Ihres Lebens Single, verfügt Christa Kössner über eine Menge Einfühlungsvermögen in die damit oft verbundene Herzensproblematik, also hat sie sich dieses Themas in Ihrem neuesten Werk angenommen. Titel: „Handbuch für Singles, die es nicht länger bleiben wollen“ (Ennsthaler 2010).

Wenn Sie mit Christa Kössner Kontakt aufnehmen möchten, besuchen Sie ihre Website **www.spiegelgesetzmethode.com** oder schreiben sie an: **christa.koessner@spiegelgesetzmethode.com**

Anhang: Wortspiel

In der linken Spalte finden Sie Eigenschaften in ihrer negativen Ausdrucksform. Jede dieser Eigenschaften beinhaltet einen wahren, positiven Kern (rechte Spalte), den Sie selbst mit folgender Frage leicht finden können: „Was kann jemand besonders gut, der .....? Welches Talent, welche Begabung besitzt jemand, der .....?" Beispiel -> Was kann jemand besonders gut, der dominant ist? Mögliche Antwort: Sich durchsetzen! Beispiel -> Welches Talent, welche Begabung besitzt jemand, der langweilig ist? Mögliche Antwort: Still sein, innehalten.

Die nachfolgende Liste zeigt Ihnen bloß Möglichkeiten auf, den positiven Kern einer vermeintlich negativen Eigenschaft zu erspüren. Für Sie gilt aber Ihre ganz persönliche Umwandlung. Es gilt jenes Wort, das **Ihnen** einfällt, weil es eben **Ihrer ureigensten Wahrheit** entspricht! Die Spiegelgesetz-Methode umzusetzen, ist eine sehr individuelle Angelegenheit – und gerade deswegen ist sie punkto Ihrer Selbsterkenntnisse so wirksam, weil **Ihre ganz spezielle Entschlüsselung den eigenen Kernpunkt trifft**.

negativ	**positiv (Liebesbotschaft)**
abhängig	*verbunden*
aggressiv	*kraftvoll*
ängstlich	*vorsichtig, bedacht*
arm	*selbstgenügsam*
arrogant	*selbstsicher*
aufdringlich	*durchsetzungskräftig*
aufgebläht	*groß, wahre Größe*
aufreibend	*deutlich bemerkbar*
befehlend	*lenkend, richtungsweisend*

begriffsstutzig	*sorgsam hinterfragend*
behindert	*anders*
beklemmend	*verbindend*
belehrend	*zuwendend*
berechnend	*vorausblickend*
bescheuert	*klar*
besitzergreifend	*wertschätzend*
besserwisserisch	*intelligent, gescheit*
bindungsunfähig	*freiheitsliebend*
blockierend	*rücksichtsvoll*
blöd	*unschuldig, einfach*
bohrend	*punktgenau, deutlich*
böse	*einzigartig, individuell*
brennend	*feurig, leidenschaftlich*
brutal	*kraftvoll, direkt*
demütigend	*lebt die eigene Größe*
depressiv	*zurückhaltend, still*
derb	*echt, einfach, natürlich*
desinteressiert	*in sich ruhend*
dick	*weich, kuschelig*
dominant	*hervorragend, auffällig*
dreckig	*erkennbar*
dumm	*eigener Maßstab, eigene Normen*
durchlöchert	*durchlässig, transparent*
egoistisch	*selbstwürdigend*
eifersüchtig	*anteilnehmend, besonders interessiert*
ekelhaft	*konfliktbereit*
fad	*ruhig, zentriert*
falsch (unaufrichtig)	*schlau, wiff*
farblos	*einfach*
faul	*ruhebedürftig*
feige	*sorgsam*
fett (sehr dick)	*monumental*

fordernd	*lebendig*
frech	*wortgewandt, schlagfertig*
fremdbestimmt	*auf Gott vertrauend*
freudlos	*schutzbedürftig*
frigide	*hervorragend geschützt*
gedankenlos	*verträumt, unschuldig*
gefühlskalt	*sachlich*
geil	*lustvoll*
geizig	*sorgt für sich selbst*
geldgierig	*wohlhabend, reich*
gemein	*selbstsicher, willensstark*
genussunfähig	*Freude am Wesentlichen*
gierig	*bedürftig nach …*
giftig	*markierend, Zeichen setzend*
gleichgültig	*neutral, beobachtet*
grantig	*auf Moll eingestellt*
grausam	*durchgreifend*
grauslich	*fremdartig, ungewohnt, neu*
grob	*direkt*
habgierig	*Fülle annehmend*
hart	*durchsetzungsfähig*
hasserfüllt	*großes Gefühlspotential*
hässlich	*markant, einzigartig*
heimtückisch	*clever*
hektisch	*lebensfroh, schnell*
heuchlerisch	*schauspielerisches Talent*
hilflos	*schutzbedürftig*
hinterlistig	*diplomatisch, erfinderisch*
hinterhältig	*fokussierend*
impotent	*klar abgegrenzt*
irre	*andere Sichtweise, erweitertes Bewusstsein*
jähzornig	*gefühlsstark*
kahl	*ohne Maske, natürlich*

kalt	*sachlich, vorsichtig*
klammernd	*bindungsfähig*
knausrig	*sparsam*
kontrollierend	*fürsorglich*
kraftlos	*behutsam*
krank	*pausierend*
kritisch	*abwägend*
lasch	*sanft, langsam*
lähmend	*besonnen*
lästig	*lebendig, auffallend*
leidend	*deutliche Gefühlsäußerung*
liederlich	*leichtfüßig, locker*
linkisch	*kindlich*
maßregelnd	*mitverantwortlich, mitfühlend*
mies	*geheimnisvoll*
nachtragend	*gutes Gedächtnis, beharrlich*
nackt	*echt*
neidisch	*nach Fülle strebend, sucht Erfüllung*
oberflächlich	*leicht, locker, einfach*
obdachlos	*frei, unabhängig*
ordinär	*authentisch, ehrlich*
penetrant	*auffällig*
pervers	*vielseitig, kreativ*
plattwalzend	*stärker als alles andere*
präpotent	*auffällig, durchsetzungskräftig*
primitiv	*naturbelassen*
provokant	*herausfordernd, konfliktbereit*
redefaul	*in sich ruhend, beobachtend*
roh	*echt, deutlich*
sarkastisch	*treffsichere Ausdrucksweise*
schlampig	*auf Wesentliches konzentriert*
schleichend	*langsam*
schleimig	*wiff*

schlimm	*ideenreich, lebenslustig*
schmarotzerisch	*lebenstüchtig*
schmutzig	*natürlich*
schulmeisternd	*gescheit, hilfsbereit*
schwammig	*weich*
schwerhörig	*sanft aufnahmebereit*
schüchtern	*besonders achtsam*
sehnsüchtig	*inbrünstig*
selbstherrlich	*liebt seine Einzigartigkeit*
siebensüß	*liebevoll*
stechend	*auf sich aufmerksam machend*
steif	*ruhig, stillhaltend*
stinkend	*naturbelassen*
streitsüchtig	*kommunikationsfähig, konfliktbereit*
stur	*konsequent*
süchtig	*genussfähig*
tätowiert	*geschmückt, schön*
teilnahmslos	*selbstzentriert*
tödlich	*erlösend*
träge	*langsam, still, ruhig*
tyrannisch	*führungsfähig*
überheblich	*selbstwürdigend*
überrumpelnd	*überzeugend*
überstülpend	*beschützend*
unartig	*erfinderisch, lebendig*
unbeweglich	*ruhig, abwartend*
unentschlossen	*bedacht, vorsichtig*
unfolgsam	*eigene Meinungsbildung*
ungeduldig	*schnell, spontan, dynamisch*
ungepflegt	*natürlich, echt*
ungerecht	*eigene Richtlinien*
unmännlich	*empfänglich*
unpünktlich	*eigener Zeitbegriff*

unrealistisch	*visionär, kreativ, phantasievoll*
unruhig	*lebhaft*
unterschwellig	*suggestive Begabung*
unverantwortlich	*eigenes Wertsystem*
unverständlich	*neu, anders*
unweiblich	*stark, aktiv*
verantwortungslos	*gefestigtes Urvertrauen*
vereinnahmend	*beschützend*
verkrampft	*auf einen Punkt konzentriert*
verlogen	*kreativ, phantasievoll*
vernebelt	*umhüllt*
verrückt	*phantasievoll, kreativ*
voreingenommen	*eigene Meinungsbildung*
zerrend	*rasch weg von …*
zerstörerisch	*lebenswillig*
ziehend	*ausdehnend*
zurückgezogen	*eins mit sich selbst*
zweckorientiert	*hingebungsvoll*
zynisch	*wortgewandt, intelligent*

Weitere Bücher von Christa Kössner:

Schlüssel zum Glücklich-Sein
Das Spiegelgesetz

Das Buch eröffnet eine völlig neue Sichtweise der Wirklichkeit. „Alles, was dir im Leben passiert, erzählt von dir selbst“, sagt die Autorin. Unangenehme Erfahrungen sind Ausdruck der inneren Unzufriedenheit. Das bislang anschaulichste Buch über einen Weg zum Glücklichsein, den jeder leicht findet: Wer in Situationen des täglichen Lebens und in Menschen, die ihm begegnen, das Spiegelbild seiner selbst erkennt, hat den Schlüssel zum inneren Frieden gefunden.

ISBN 978-3-85068-768-3

Die Spiegelgesetz-Methode
Praktischer Wegweiser in die Freiheit

Die Spiegelgesetz-Methode nach Christa Kössner® dauert nur ein paar Minuten, ist kostenlos und erlöst augenblicklich aus jeder Form der Abhängigkeit. Wer ein glücklicher Mensch sein will, der sein Leben liebt, sollte sich bewusst machen, dass eine Verwandlung seiner unglückseligen Vorstellung von sich selbst notwendig ist. Das ist möglich. Es ist sogar augenblicklich möglich, wenn wir bereit sind, beherzt in den Spiegel zu schauen.
Jeder unangenehme Lebensumstand ist eine Verwirklichung eines lieblosen Glaubenssatzes von uns. Indem wir das Spiegelbild als unsere eigene Erfindung akzeptieren und entschlüsseln, können wir uns davon befreien.

ISBN 978-3-85068-579-5

Weitere Bücher von Christa Kössner:

Christa Kössner,
Dr. Leopold Leeb, Alois Senger
Meine Krankheit spiegelt mich
Individuelle Symptom-Entschlüsselung mit der Spiegelgesetz-Methode
ISBN 978-3-85068-828-4

Christa Kössner
Mein Haustier spiegelt ... MICH
Das Spiegelgesetz
ISBN 978-3-85068-591-7

Christa Kössner
Mein 13 Glücksbringer
Machtvolle Sätze für das eigene Leben
ISBN 978-3-85068-862-8

Christa Kössner
Spiegelgesetz-Methode CD
Praktischer Wegweiser in die Freiheit
Von der Autorin selbst gesprochen
ISBN 978-3-85068-698-3

Christa Kössner
Der Spiegelgesetz-Methode-Jahresbegleiter
ISBN 978-3-85068-801-7

Christa Kössner
Der Spiegelgesetz-Methode-Erfolgsreport
ISBN 978-3-85068-726-3

Christa Kössner / Ricardo Exinger
Machos, Tussis, Nervensägen
Ihre genialen Botschaften mit der Spiegelgesetz-Methode entschlüsseln
ISBN 978-3-85068-621-1

Christa Kössner
Handbuch für Singles die es nicht länger bleiben wollen
ISBN 978-3-85068-838-3